모든 사람에게
사랑받을 필요는 없다

모든 사람에게
사랑받을 필요는 없다

이평
지음

STUDIO:ODR

차례

나부터 사랑하는 연습

　오랜만에 대학 동기에게 연락이 왔습니다. "요즘 뭐하고 지내?" 메시지를 보자마자 확인한 탓에 읽음 표시가 사라진 상황. 서둘러 답을 쓰려다가 멈칫했습니다. "그냥 지내"라고 하면 하는 일 없는 사람 같아 보이고, "바쁘게 살지"라고 하면 스스로를 치켜세우는 것 같아서 말입니다. 답을 잠시 미루고 카페로 향합니다.

　퇴근 시간이라 북적거리는 곳은 뒤로하고, 한적한 분위기의 카페에 들어섰습니다. 빈 테이블에 노트북 가방을 내려놓은 후 주문대로 향합니다. 한참 망설이며 메뉴를 살펴보고 있으니 점원이 "어떤 거 드릴까요?"라고 묻습니다. 조바심이 들어 점원 얼굴을 마주 보며 가장 안전한 선택을 합니다. "아이스 아메리카노 한 잔 주세요." 계산을 마친 후에 다시 자리로 돌아왔습니다.

노트북을 펴 『모든 사람에게 사랑받을 필요는 없다』 원고를 훑으며, 친구의 연락에 답을 망설이던 순간과 점원의 재촉에 서둘러 답한 순간을 생각합니다. '그냥 잘 지낸다고 하면 될 것을 무엇 때문에 고민했지?', '잠시만 기다려 달라고 하면 되는데 뭐가 그리 조급했을까?'

타인에게는 주체적으로 살아야 한다고 입에 침이 마르도록 말하면서 정작 나는 그렇게 살지 못했습니다. 모든 사람에게 좋은 사람일 필요는 없다고 생각하면서 타인을 지나치게 의식했습니다. 가만히 생각해보면 『모든 사람에게 사랑받을 필요는 없다』라는 책을 쓰면서도 나는 책과 다른 삶을 살고 있었습니다. 일보 후퇴, 일보 전진이라는 명목으로 눈치부터 보고, 지는 사람이 이기는 거라면서 참기만 했습니다. 이 글을 쓰고 있는 와중에도 불편한 기분이 느껴지는 건 그런 나 자신에게 화가 나서인지도 모르겠습니다.

이 글을 읽는 당신도 비슷한 일을 경험한 적 있나요?

인생살이에서, 인간관계에서 혹은 사랑에서 말입니다. 행복을 뒷전으로 미룬 채 그저 열심히만 산 건 아닌지, 착한 사람을 자처하며 을의 자리에 선 건 아닌지 여쭤봅니다. 『모든 사람에게 사랑받을 필요는 없다』를 읽으며 그런 생각들을 되짚어보는 건 어떨까요. 매번 주체적으로 살고 있다 생각해도 여전히 연습이 필요한 우리입니다. 스스로를 사랑하는 법을 알고 꾸준히 실천해야 행복해지는 우리 모두입니다.

정도(正道)를 지키는 삶이란 무엇일까? 사회적으로 응당 하지 말아야 할 것은 하지 않는 것. 이는 두말할 필요가 없다. 조금 더 유연한 시각으로 보면 행복에 가까운 삶을 살아가는 것이 아닐까. 관계에서 이질감을 느끼는 행동에 대해 주저할 줄 아는 태도다. 이를테면 성급히 마음을 열지 않는 것. 모든 사람을 챙길 수 없다 여기는 것. 내 마음의 범위와 속도에서 정상적으로 살아갈 수 있는 걸 말한다. 마음의 주관자로서 자리를 당당히 지킬 줄 알아야 한다. 그 삶이 조금 고독할지라도 정도를 지키는 삶에는 안도와 평안이 가득할 테니 말이다.

불필요한
관계를 버려도
아무 일도
일어나지 않는다

관계에 목숨 걸지
않는 사람

1

자신만의 선이 있다

모든 것을 상대에게 맞추려는 사람들이 있다. 그들은 웬만한 문제는 좋게 넘기고 관계에서 생길지 모를 트러블은 멀리하려고 애쓴다. 주장보다는 양보를, 이득보다는 희생을 선택한다. 하지만 이들에게도 숨은 선이 있다. 아무리 참아도 상황이 그대로일 때, 용납할 수 없는 수준에 도달했을 때 그 누구보다 냉정해진다. 일말의 망설임 없이 정리부터 단행한다. 평소에 감정 소모를 피할 뿐 분노가 표출된 건 아니기에 어쩌면 당연한 결과다.

2
배려 없는 사람을 혐오한다

관계의 맺고 끊음을 잘하는 사람들은 "우리 사이에 이 정도는 애교 아냐?", "장난도 못 쳐? 분위기 깨지게 왜 그래"와 같은 말을 싫어한다. 우정이란 명목하에 오가는 막말을 용인하지 않는다. 아무리 막역한 사이라도 존중을 기반으로 한 관계를 선호한다. 적정 거리를 두고 종종 안부를 묻는 것. 그저 좋은 말을 주고받으며 서로 도움을 주는 것. 가정사 같은 진지해질 수밖에 없는 얘기는 암묵적으로 피하는 것. 이를 최고의 관계라 여긴다.

3
외로움을 잘 타지 않는다

'내 인생 내가 알아서 한다'라는 마이웨이 기질을 타고났다. 어떤 일이든 혼자 척척 해내왔고 자립심이 강한 편이다. 그래서 누구에게 의지하지도 진심을 쏟지도 않는다. 더불어 누군가를 미워하지도, 성질을 부리는 법도 없다. 머릿속은 내 미래, 내 꿈, 내 목표로 가득 차 있다. 관계나 사랑은 그저 지나가는 세상일의 일부일 뿐, 그 이상이나 그 이하로 받아들이지 않는다. 이런 이들에게 외로움은 당연히 먼 나라 이야기다.

4
'밀당'을 이해하지 못한다

시비를 걸며 떠보는 행위나 심기를 건드림으로써 상대에게 자신의 인상을 각인시키려는 사람들이 있다. 장난과 농담, 지적과 막말을 주고받아야 친하다고 여기는 것이다. 하지만 이를 이해하지 못하는 사람에겐 그저 기분 나쁜 행동일 뿐이다. 그래서 '왜 자꾸 상황을 불편하게 만들지?'라는 의문을 가지고 적당히 받아주는 척하다가 돌연 종적을 감춘다. 찔러보던 사람은 제 딴에 순수한 의도였겠지만 본전도 못 찾은 것이다. 이런 관계는 물과 기름처럼 성향이 다르기에 어쩔 수 없다.

5

관계의 '끓는 점'이 높은 편이다

칼 같은 사람을 향해 때로 불만을 토로하는 경우도 있다. "서운한 게 있으면 말을 해야 알지. 왜 혼자 참다 뒤늦게 폭발하는 건데?" 그런 이들에게 한마디 해주고 싶다. 대화를 통해 푸는 방식을 택하지 않았을 뿐, 혼자 마음을 식혀보려 부단히 애써왔다고. 내향적인 성격을 탓하면서 상황을 지켜보기도 했던 것이다. 하지만 그러한 과정마저 지나친 간섭과 불만으로 '끓는 점'을 향해 불을 붙인 이가 누구인가.

6

관계를 끊을 때는 철저하게

후환을 남기지 않는다. 주변에 관련된 무리마저 손절한다. 혹시라도 제삼자가 애써 화해시키려 할 것을 짐작하고 아예 빌미를 주지 않는 것이다. 게다가 무리가 제대로 유지되려면 둘 중의 한 명은 어차피 그 무리에서 나와야 하므로 여러모로 속 시끄러울 일을 만들지 않겠다 생각해 완전히 단절하는 것이다. 관계를 끊기 전에 이 모든 것에 예정되어 있었다.

7
다른 일에 집중한다

가뜩이나 스트레스 받을 일도 많은데, 왜 인간관계까지 고통스러워야 할까. 회사에서, 일터에서 감정 소모가 심했으니 그밖의 일은 될 대로 되라 한다. 맞지 않은 사람과 구태여 잘 지낼 필요 없다. 기대치와 실망감을 좀 낮추기만 하면 주변에 멀쩡한 사람은 많고도 많다. 내 감정을 깔끔한 상태로 돌보면서 정신을 맑게 유지한 채 새 행복을 찾는 것이 훨씬 이롭다.

누군가를 미워하는 것은
내 문제다

　누군가를 이유 없이 좋아하듯 누군가가 특별한 이유 없이 미울 때가 있다. 사람이라면 누구나 겪는 감정이다. 문제는 누군가를 미워하는 일에도 꽤 에너지가 든다는 점이다. 일단 누군가가 미워지면 그 사람의 모든 행동이 마음에 들지 않는다. 그 사람의 사소한 말이나 몸짓을 오해하기도 하고 별것 아닌 일도 과민하게 받아들인다. "도대체 왜 저러는 걸까?"에서 "도대체 왜 저렇게 생겨먹었을까?"로 생각이 넘어가면 상대를 미워하는 마음은 이미 돌이킬 수 없는 지경에 이르렀다고 봐야 한다. 이런 생각은 상대에 관한 선입견을 하나둘 만들어낸다. 사소한 일로 생겨난 미움의 정도가 갈수록 깊어져 '미리 결론짓기', '감정의 골 만들기', '가시지 않는 앙금 쌓기'가 이루어지고, 이런 과정은 상대에게 싫은 사람 자체의 이미지를 덧씌운다. 그러고 나면 평소에 별문제 없이 주고받았을 대화조차 싫은 이유로 작용한다. 싫은 사람이란 이미지를 바탕으로 미워하는 마음도 쭉쭉 가지를 뻗어나가는 것이다.

미움의 여부에 따라 상대를 향한 판단은 극단적이 된다. 별생각 없었던 상대의 특성이 유난히 불편하게 다가온다. '비록 철이 없는 듯하나 장난기가 다분'하다는 평가는 '솔직을 무례함으로 가장'한다고 재평가된다. 혹은 '나를 얼마나 만만하게 생각하면 저렇게 행동할까.' 하는 분개로 이어진다. 이런 경우는 지나치게 선을 넘었거나 서로 주장하는 바가 극명하게 갈릴 때 주로 발생한다. 덤덤하게 넘길 수 있는 상황마저 "아무리 그래도 너는 그러면 안 되지"와 같은 문제가 되어버리는 것이다. 별문제 삼지 않은 것들이 사실 참고 넘어간 것이었다면 미움이 커지면서는 어떤 사건을 계기로 틀림없이 문제로 불거지게 된다. 그렇다면 그야말로 파국으로 치닫는 셈이다.

그러나 이렇게 누군가를 미워하는 일은 전적으로 내

몫이자 내 감정의 문제임을 알아야 한다. 상대는 내가 아니므로 내가 원하는 대로 바뀌지도 않고, 바뀔 필요도 없다. 그것은 당연한 일이다. 그러니 상대의 어떤 점을 미워한다고 달라지는 것은 아무것도 없다. 물론 상대의 그런 점이 내게 직접적이고 물리적인 피해를 준다면 그런 부분은 항의하거나 시정을 요구해야 한다. 그러나 감정적인 측면에서 상대가 이유 없이 밉고 싫다면 스스로의 마음 상태를 가만히 들여다볼 필요가 있다.

다른 사람을 미워하는 데 나의 소중한 에너지를 낭비하지 말자. 그 에너지를 나에게로 가져와 나를 더 아껴주고 다독여주는 데 쓰자.

아껴야 할 사람,
놓치지 말아야 할 관계

　　살아갈수록 특별한 만남보다는 편안한 관계에 이끌린다. 사회생활을 하며 진정한 나로 지내지 못하는 시간이 늘어가는 탓인지 형식과 예의를 따지지 않고 만남의 시작부터 끝까지 편안함이 일관되게 이어지는 사람이 좋다. 장난이라는 미명으로 선을 넘거나 솔직함으로 포장해 무례하게 구는 관계가 아닌, 친할수록 더 조심하고 배려하며 신뢰를 쌓아나가는 사이. 무엇보다 서로에 대한 부담감 없이 편안하게 이어지는 관계가 가장 좋은 관계라 할 수 있다. 그러나 살면서 만나는 수많은 사람 중에 아껴야 할 사람, 놓치지 말아야 할 관계는 생각보다 많지 않을지도 모른다. 그런 관계를 지킬 수 있는 팁을 전한다.

1

연락 부담 없는 편안한 사람

서로 바빠서 자주 만나지 못하지만 친한 친구가 누구냐는 질문을 받을 때 자연스럽게 떠오르는 사람. 오랜만에 만났는데도 어제 만난 듯 스스럼없고 대화가 끊이지 않는 관계. 먹고사는 일이 고단하고 여유가 없어 보기 힘들었을 뿐 언제 만나도 편하고 즐거운 사이. 누가 먼저, 언제 연락했는지를 따지지 않는 것은 물론이고 구태여 연락해야 한다는 스트레스마저 없는 그런 관계의 사람이 있다. 그런 사람은 절대 놓쳐서는 안 된다.

누군가와 친하다는 의미는 시기와 상황에 따라 달라진다. 친하다고 해서 영원히 친해야 하는 것도 아니고, 반드시 불화가 있어야만 관계가 소원해지는 것도 아니다. 더 우선으로 생각해야 하는 가족이 생겨 만남이 뜸해지기도 하고, 피치 못할 사정으로 연락을 못 해 관계가 끊어지기도 한다. 이러한 관계의 변화는 옳고 그름을 따질 수 없는 문제다. 서로를 진심으로 아낀다면 상대의 상황을 충분히 이해할 수 있다. 그리고 함께한 추억이 있기에 상황이 되면 언제든 다시 가까워질 수도 있다. 그런 관계야말로 나이가 들수록 막역한 사이로 남는다.

2
어떤 상황에서든 끝까지 곁에 있는 사람

살다 보면 아무것도 하기 싫고, 누구도 만나기 싫은 시기가 찾아온다. 그럴 때 인간관계가 무너지기 쉽다. 꾸준히 연락하고 안부를 묻는 일 등 관계를 이어나가기 위한 노력을 한쪽에서 더는 하지 않으니 관계가 자연스럽게 끊어진다. 이 과정에서 모순된 감정에 직면하게 된다. "나는 혼자가 좋아"라고 하며 다른 사람들과 거리를 두고 싶으면서도 한편으로 누군가의 관심을 원하기도 한다. 이를 '고슴도치 딜레마'라고 하는데, 스스로 자립하고 싶은 욕망과 타인과의 일체감 사이에서 갈등하는 상황을 일컫는 말이다. 누구나 이 '고슴도치 딜레마'에 빠질 수 있다.

나도 그런 시기가 있었다. 학부 시절, 갈비뼈에 생긴 종양으로 복학이 늦어진 데다 요양하느라 취업 준비 역시 엄두도 못 낼 때였다. 인생이 한탄스러웠고 스스로가 한

심했다. 그런 탓에 주변 사람들에게 열등감을 느꼈고 일이 잘 풀리는 사람들 소식을 들으면 그 사람과의 관계를 조용히 정리하곤 했다. 그렇게 여러 사람을 인사도 없이 보내던 시절, 고등학교 친구 한 명이 끈질기게 내 곁을 지켜주었다. 내키지 않는 반응에도 늘 무언가를 먹으러 가자고, 바람 쐬러 가자고 연락했다. 물론 친구의 성화에 못 이겨 몇 번 집 밖으로 나오긴 했지만 당시 심사가 꼬여 있던 나는 이 친구가 왜 이러는지 귀찮기만 했다. 그런데 그런 친구의 두드림이 내 마음에 틈을 만들었는지 어느 날 친구를 집에 초대해 먼저 대화를 건넸다. "그동안 귀찮은 티 내서 미안해. 별로 하고 싶은 게 없다 보니, 사람 만나는 일도 똑같이 되네." 그러자 친구는 "그럴 때도 있지. 괜찮아. 나도 여러 일로 마음이 힘든 시기가 있었는데 누군가 아무 이유 없이 '밥 먹었니', '매점 갈래' 물어봐주는 게 그렇게 고맙더라. 내가 받은 걸 돌려주는 셈이니 미안해하지 않아도 돼. 세상에 안 힘든 사람 없다지만 힘들 땐 내가 무조건 제일 힘든 법이야"라고 대답했다. 친구의 말이 공허한 마음에 생기를 돌게 했다. 내가 어떻게 살아야 하는지, 다른 사람과의 관계를 어떻게 맺어야 하는지 깨달았다. 별일 아닌 듯 평소처럼 대하는 친구 덕분에 나는 평상심으로 돌아올 수 있었다. 내 인생이 바닥까지 치달을 때 곁에 있어준 사람, 이런 사람은 절대 놓치면 안 된다.

3
긍정적인 기운을 건네는 사람

혼자 살아가는 세상이 아니다 보니 사람들은 저마다 지닌 성격과 성향으로 다른 사람과 영향을 주고받는다. 이때 타인에게 좋은 영향을 미치는 사람이 있는 반면 항상 기운 빠지게 하는 부정적인 영향을 주는 사람도 있다. 같은 상황에 놓인 두 사람을 생각해보자. 둘 다 시험을 망친 친구를 위로하는 상황이다. A는 친구에게 "그러게 평소에 공부 좀 해놓지. 맨날 게임하고 놀기만 하다 벼락치기로 공부하니 시험을 잘 보겠어?"라고 말하며 친구의 평소 행동을 비난한다. 하지만 B는 "다음 시험은 더 잘 볼 수 있을 거야. 평소에 조금씩 공부해두면 결과가 잘 나오더라고. 같이 해보자"라는 말로 속상한 친구를 달래고 의욕을 북돋운다. 당신이라면 이 두 사람 중에 누구를 친구

로 두고 싶겠는가. 이것이 긍정적인 말과 기운을 건네는
사람을 놓치지 말아야 하는 이유다.

관계에서 이것만 지켜도
기본은 한다

1

약속을 이중으로 잡지 않는다

일정 조율이 불가피하다면 두 약속을 한 번에 해결하는 것이 비난받을 만한 일은 아니다. 혹은 약속 상대끼리 아는 사이라면 문제 될 것 없다. 더 여럿이 어울리는 것이 좋을 수도 있고 그런 자리에서 의외의 인맥이 생길 수도 있다. 하지만 약속 구성원 중 초면이 불편한 사람이 있고 그 사람 입장을 전혀 고려하지 않았다면 그 사람은 불쾌할 수 있다. 단둘이 긴히 할 말이 있는데 분위기를 파악하지 못하는 경우라면 더더욱 그렇다. 한두 번은 넘어갈 수 있지만 습관적으로 약속을 겹쳐 잡으면 그런 사람과는 다시는 만나고 싶지 않다.

2
필요할 때만 연락하지 않는다

평소에 안부를 절대 주고받지 않던 사람에게서 "잘 지내?"라고 연락이 온다. 어디서 근황을 들었는지 내 신변의 변화에 축하나 위로의 인사를 건네기까지 한다. 이럴 때 이어질 만한 말은 "너, 이 물건 살래?"인 확률이 높다. 그 밖에 종교 권유, 결혼식, 장례식 등 여러 가지 목적을 띤 인사로, 정말 순수하게 안부를 묻는 경우는 드물다. 필요해서 건넨, 명목상 안부 인사인 것. 오랜만에 연락해 줘서 달갑게 받고 싶지만 꼭 이용당하는 기분이 들어서 솔직히 말하면 연락하지 말라 하고 싶다. 필요할 때만 찾는 것이 평소엔 결코 필요하지 않는 사람이라는 의미로 느껴지기 때문이다.

3

서로 '감정 쓰레기통' 취급하지 않는다

좋은 소식 있으면 자랑삼아 수다를 떨고, 나쁜 소식이 있으면 이 말 저 말 하며 징징대는 것. 물론 내 소식을 주변의 가까운 이들에게 알리고 상대의 소식도 전해 들으며 대화를 나누는 것은 당연히 좋은 일이다. 그런데 유독 본인이 자랑할 일이 있거나 힘들 때 연락해 본인 이야기만 계속 늘어놓는 사람이 있다. 혹은 나 자신이 그런 사람일 수도 있다. 그건 내가 '감정 쓰레기통' 역할을 맡고 있거나 누군가를 '감정 쓰레기통' 삼는 일일 뿐이다. 좋은 소식은 알아서 퍼지도록 내버려두고, 나쁜 소식은 혼자 해결이 가능하다면 그렇게 하는 것이 좋다. 스스로의 감정은 기본적으로 스스로 해결하자.

4

무리한 부탁을 하지 않는다

본인이 하기 싫은 일은 다른 사람도 하기 싫은 법. 어떤 일이 고역이라면 그 일은 다른 사람에게도 버거운 일일 게 분명하다. 그런데도 떠넘기고 싶다는 건 남에게 피해를 끼치면서까지 목적을 이루려는 의도다. 관계가 끊어지는 한이 있어도 내 이기심부터 챙기고 싶은 것이다. 개인적인 이득이나 편의에 눈이 멀어 타인에게 폐를 끼치지 말자. 이것은 나아가 관계까지 망치는 일이다.

5
'불행 배틀'을 하지 않는다

"네가 하는 고생은 아무것도 아니야. 나 때는 더 힘들었어", "결혼도 안 한 네가 무슨 걱정이 있겠니." 힘들다는 얘기를 하면 이렇게 반응하는 사람들이 있다. 꼭 타인의 노고를 깎아내려야만 내 고생이 더 값지다 느끼는 걸까? 누가 더 힘든지 경쟁해야만 비로소 살아 있는 것 같은가? 다른 사람의 힘든 상황을 두고 자신의 힘든 얘기를 하며 우월감을 드러낼 필요는 없다. 이것은 하소연을 빙자한 공격이나 마찬가지다.

6
쓸데없는 오지랖을 부리지 않는다

타인의 인생에 함부로 참견하지 않아야 한다. 상대를 생각하지 않은 무성의한 조언 역시 삼가는 것이 좋다. 이를테면 "나이가 몇인데 결혼을 안 하니?", "아프니까 청춘이잖아! 여행도 가고 교양서도 좀 읽자"와 같은 허울뿐인 조언들. 실제로 도움을 준다면 모를까 이래라 저래라 하는 잔소리는 상대의 기분만 상하게 만들 뿐이다.

7
내 얘기만 늘어놓거나 상대의 말을 끊지 않는다

대화에서 가장 중요한 건 감정의 교류다. 내 말만 늘어놓는 것이 아니라 상대의 말을 제대로 경청할 줄 알아야 진정한 대화가 이루어진다. 상대의 반응을 살피지 않은 채 내 얘기만 늘어놓는 일은 일방적인 하소연이나 자랑이기 쉽고 상대를 전혀 배려하지 않는 행동이다. 이런 사람은 상대의 이야기를 끊고 말을 가로채는 일도 아무렇지 않게 한다. 그렇게 되면 소통이 제대로 이뤄지지 않을 뿐더러 서운한 감정만 쌓인다. 경청을 잘하는 것이야말로 관계를 오래도록 유지하는 방법이다.

나를 지키려면
잘 거절하라

　돈 문제로 지인과 연을 끊은 적이 있다. 이유는 단 하나. 돈을 빌려간 지인이 잠적했기 때문이다. 어떠한 설명도 없이 상환 기일을 기약 없이 늦추더니 나중에는 아예 연락을 받지 않았다. 당시 나는 돈도 돈이지만 제대로 된 설명을 듣지 못한 것이 더 화가 났다. 돈을 갚지 못하는 부득이한 사정이 무엇인지 설명을 충분히 들었다면, 소통의 부재에서 오는 실망감과 착각 정도는 거두었을지 모른다. 이를테면 내 연락은 받지 않는 사이에 본인의 SNS에 올린 여행 사진을 보면 "이렇게 쓸 돈은 있고 갚을 돈은 없는 거야?"라는 의심을 하지 않을 수 없었다. '내가 만만한가? 내 돈은 갚지 않을 심산인가? 내 연락은 안 받으면서

이 소식을 내가 접해도 상관없다고 생각하는 건가?' 나는 스스로를 못난 사람 취급하며 상대를 원망의 눈으로 지켜보았다.

　이렇듯 상대의 흔적, 행보 하나하나에 의미를 부여하는 일은 관계에 치명적인 영향을 준다. '다른 친구들은 종종 연락을 주고받는다는데 왜 내 전화만 피하는 거지?'와 같은 생각과 짐작은 사건의 진위를 캐는 탐정처럼 정해진 결론을 향한다. 물론 종착역은 어김없이 '함께해서 더러웠으니 다신 만나지 말자'다. 오만 정이 다 떨어져버린 상태에 이르는 것이다. 이 글을 쓰는 지금까지도 그 '잠수부' 친구로부터 어떠한 연락도 받지 못했다.

　지인과의 돈거래에 여러 번 데고 나서 나름대로 철칙을 세웠다.

　첫 번째, 가까운 사이든 먼 사이든 돈거래를 되도록 하지 않는다. 나의 정신건강을 위해, 그리고 쾌적한 관계 맺기를 위해 거절 의사를 분명하게 밝힌다. 하지만 막역한 사이에 한해선 예외를 둔다. 단 이때 '그냥 준다'라는 개념으로 빌려주는 것이 중요하다. 여기에는 조건이 따른다. 한동안 연락이 되지 않아도 관계가 완전히 끊어지지 않을 만큼의 신뢰가 형성된 사이일 것. 오랜만에 봐도 빌려준 돈 때문에 서로 어색하지 않고 이전 모습 그대로 지낼 수 있어야 한다. 흔히 돈이 얽히면 민낯이 드러난다고 한다. 이때 서로의 맨얼굴이 드러나도 괜찮을 만큼 까다롭게 굴지 않아야 관계를 보존할 수 있다.

두 번째, 상대가 남에게 신세를 못 지는 성격일 때는 돈을 빌려준다. '오죽 급했으면 이런 부탁까지 할까?'라는 생각이 드는 상대라면, 남에게 폐 끼치기 싫어하고 어떻게든 갚으려고 하는 성격의 상대라면 그 진심을 알고 있으니 망설임 없이 돈을 빌려줄 수 있다. 동정심과 신용이라는 확실한 보증은 '그때 빌려주지 말걸'이라는 감정 노동을 겪지 않게 한다.

마지막으로 세 번째, 위의 철칙을 고수한다. 단호한 태도를 견지하며 아닌 건 아니라 말할 수 있어야 한다.

위와 같은 이유로 부탁을 거절했는데 비난의 목소리를 높이면 연을 끊는다. 관계를 그저 수단으로 여기며 어떻게든 목적을 취하려는 모습에 실망할 게 뻔하므로 장기적으로 피해야 하는 상대라 단정 짓는 것이다. 단 '못됐다', '뻔뻔하다' 등의 감정적인 말은 꺼내지 않는다. 상대가 "돈도 안 빌려주면서 못된 소리만 해대네." 따위의 험담을 늘어놓을 수 있기 때문이다. 그저 빌려줄 수 없는 이유를 설명한 뒤 자리를 뜬다. "아무리 친구라도 이건 아니야." 같은 담백한 거절이나 의사를 우회적으로 밝히면 그만일 뿐이다.

그렇다면 가깝지도 않고 멀지도 않은 지인의 부탁을 어떻게 거절하면 좋을까? 불편한 분위기를 조성하지 않으면서 할 말을 하는 방법, 관계를 해치지 않으면서 내 입장을 잘 설파해 상대를 돌려보내는 방법이 과연 있을까. 부드러우면서 단호하게 거절하기. 〈미스터 선샤인〉이라는 드라마에서 나온 대사처럼 "상냥한 말과 커다란 채찍으로" 상대를 돌려세우는 방법은 무엇이 있을까.

먼저 확답을 주기 전 시간을 갖는 것이다. 상대가 돈을 빌려달라고 하면 "음, 이건 나 혼자 결정할 일이 아니라 조금만 생각해볼게." 같은 말로 운을 뗀다. 물론 곧이곧대로 고민해보라는 뜻은 아니다. 상대의 부탁이 다른 사람에게 가도록 일종의 공사 중 팻말을 세우라는 것이다. "네 부탁을 들어줄 의향은 없으나 네 감정을 상하게 할 의도는 더더욱 없어"라는 의사를 전달하는 행위인 것이다. 대놓고 거절하기가 어렵다면 메시지를 읽지 않음으로써 대화를 회피하는 방법도 있다. 일이 바빠 메시지나 전화 온 것을 늦게 확인했다는 핑계를 대는 것도 서로 감정이 상하지 않는 방법으로 나쁘지 않다.

관계의 친밀도에 따라 부탁을 들어줄지 말지 고민해보는 것도 중요하다. 계산적으로 비칠 수 있겠지만 친한 사이가 아니라 알고 지내기만 한 관계라면 크게 고민하지 말고 단번에 거절하자. 혹여 나를 싫어하게 된다거나 배신감을 느끼지 않을까 하는 생각은 순전히 노파심에 불과하니 안심해도 된다. 토끼가 여러 굴을 파듯, 곤경에 처한 사람은 보통 다수에게 구조 요청을 보내기 마련이다. 그러니 내가 곤란하다면 내 입장만 챙겨도 아무 문제 없다. 상대가 돈이 필요하다고 해서 반드시 내 돈을 꿔야 일이 해결되는 것도 아니기 때문이다.

그런데도 계속 부탁해온다면 다음과 같은 방법을 써보자. 적은 액수를 빌려주는 것이다. "나도 여유가 없는데 네가 어렵다고 하니 어쩔 수 없지. 10만 원 정도는 노력해볼게." 이때 "더는 어려워. 월급쟁이 처지 알잖아." 같은 말로 더 이상의 금액은 용납하지 않겠다는 의사를 밝힌다. 물론 생색내는 듯한 태도는 피해야 한다. 최소한의 도리는 했다는 명분과 성가심으로부터 해방되기 위한 행동이라는 점을 잊지 말자.

이 정도 방법을 제시했으면 누구든 완곡히 거절할 수 있을 것이다. '싫다', '아니다', '어렵다' 등 거절의 말을 당당히 외치지 못하면 만만한 사람의 표상이 되기 십상이다. 쉬운 부탁이 어려운 부탁으로 이어지고, 서로 믿지 못하는 인간관계가 형성될 수 있다. 내 인생은 내가 지켜야 한다. 나를 지키기 위해 잘 거절하자.

관계, 좋을 때 잘하자

인생이 잘 풀리지 않는다고 주변 사람, 이를테면 가족이나 오래된 연인, 친구에게 신경질을 내는 이들이 많다. 나 역시 마찬가지였다. 내 상황이 힘들다고 타인에게 철없이 굴 때가 있었다. 신경이 곤두서 있다는 핑계로 얼마나 많은 사람에게 실수를 범했는지, 이전의 미성숙한 모습을 반성하고 또 반성하는 요즘이다. 이미 지난 일을 들먹이며 "그때 왜 그랬어?"라고 느닷없이 투정을 부리기도 했고 그냥 넘어가도 될 만한 사소한 일을 물고 늘어진 적도 많았다. 만약 반대의 상황이라면 나는 나 정도의 예민한 사람과 진작 연을 끊었을 테다. 그러나 내 주변인들은 이런 나를 묵묵히 견디고 아이처럼 달래주기도 했으니

고마울 따름이다.

주변 사람이 얼마나 소중한지는 관계가 어그러지고 나서야 깨닫게 된다. 그전까지는 아무리 말해도 소귀에 경 읽기다. 내 기분 내키는 대로, 내 상황만 생각하면서 관계를 이어가면 곁에 남아 있는 사람은 아무도 없을 것이다. 그러니 관계는 있을 때 잘해야 한다. 이런 사실을 잊지 않고 관계를 소중히 여길 방법을 생각해보자.

1
세상에 영원한 관계는 없다

관계가 좋을 땐 그 관계가 영원할 것처럼 느껴진다. 그러나 그때가 가장 조심해야 할 타이밍이다. 서로가 편해지는 순간, 배려가 사라지는 순간, 고마움과 미안함을 표현하지 않고 뭐든 당연하게 여기는 순간 그 관계는 아주 사소한 일로 틀어질 가능성이 크다. 그러므로 타인의 배려를 당연하게 여겨서는 안 된다. 무언가를 받으면 고맙다고 말하고 잘못했다면 빠르게 사과해야 한다. 장난이나 실수는 무례가 될 수 있고, 믿었던 사람에게 돌이킬 수 없는 상처로 남을 수 있다는 사실을 알아야 한다. 결국 온정이라고 하는 것도 신뢰를 쌓기 위한 노력을 통해 만들어진다.

2
가까울수록 예의를 차린다

'우리가 이만큼 가까워졌으니 함부로 대해도 되겠지?'와 같은 생각은 버려야 한다. 익숙함에 속아 소중한 사람을 제멋대로 대해선 안 된다. 그 어떤 이유도 감정 폭력을 정당화할 수 없다. 상대가 좋은 사람이고 당신을 그만큼 믿었기에 몇 번의 무례함도 받아준 것뿐이다. 소중한 사람을 '감정 쓰레기통' 삼지 마라. "에이, 우리 사이에 그럴 수도 있지", "이 정도도 못 받아줘?"라고 하며 투정을 가장한 시비를 걸다 보면, 소중한 관계를 하나둘 쓰레기통에 집어넣는 꼴이 될 것이다.

3

하소연도, 조언도 정도껏 해야 한다

누구나 힘든 사정은 다 있다. 타인에게 힘들다고 몇 번 하소연할 수는 있겠지만 그것이 습관이 돼선 안 된다. 누구나 힘든 이야기는 듣기 싫어하는 법. 본인의 고충을 너무 자주 털어놓는 일은 하지 않는 편이 좋다. 소중한 사람과는 소중한 이야기만, 좋은 사람과는 좋은 말만 주고받아도 아까운 시간이다. 서로의 고통을 평화와 긍정적인 마음가짐으로 허물어가는 편을 추천한다.

더구나 우리는 타인을 완전히 이해할 수 없어 진심 어린 위로를 받기 어렵다. 고민을 털어놓는 입장도 알고 보면 그 고민의 해답을 본인이 가장 잘 알고 있는 경우가 많다. 기껏 생각해서 조언해줘도 어차피 본인이 하고 싶은 대로 하는 경우가 대부분이다. 그러니 힘든 일이 생기면 그 힘든 일을 핑계로 타인을 괴롭히고 있지는 않은지 스스로를 돌아볼 필요가 있다.

다 괜찮아지는 주문,
그럴 수도 있지

대화가 통하지 않는 사람들과 대화가 통하지 않는 상황을 겪다 보면 어느새 화가 치밀어 오른다. 그런 사람들 앞에서는 이성적이고 논리적으로 대응하는 것이 무의미하다. 그럴 땐 그저 제풀에 지쳐 잠잠해질 때까지 내버려둬야 한다. 할말은 많지만 하지 않겠다는 식의 대응이 현명한 것이다. 사람은 쉽게 달라지지 않는다는 걸 늘 염두에 두어야 한다. 아라비아 속담처럼 간밤에 산이 움직였다면 믿을지언정 사람이 변했다고 하면 믿지 말기로 하자. 달라지지 않을 문제들에 부디 힘 빼지 말기를 바란다. 소통이 불가능한 사람들과 대화를 시도하는 것으로 스트레스 받을 이유는 없다. 그러려면 다음과 같은 건강한 사고 습관을 지니면 좋다.

1
그러라 그래

특정인이 또 일을 저지르고 감정을 폭발하고 있다면
'그러라 그래' 마인드가 필요하다. 원래 그런 사람인데 더
놀랄 일이 남았나? 더 이상 궁금해하지도 말자. 괜히 남
일에 스트레스 받지 말고, 나에게 피해를 주지 않으면 그
걸로 됐다고 여기자.

2
내 탓? 네 탓!

관계가 어그러졌을 때 사람들은 자기 탓을 하는 경우
가 많다. 그런 생각은 애써 차단하자. 나보다 더 못됐고 자
기만 생각하는 사람들 때문에 그렇게 됐다고 여기는 편이
좋다. 학교생활이든 직장생활이든 남을 우습게 알고 이용
하려는 사람들은 도처에 널려 있다. 그런 환경 탓에 내가
운 나쁘게 걸려들고 만 것뿐이다. 쓸데없이 자기 비하로
스스로를 힘들게 하지 말자. 인간관계 같은 해답이 없는
문제는 때로 남 탓을 해야 해결되기도 한다.

3

똑같은 사람이 되지 말자

사람들은 타인의 입장에서 생각하지 못한다. 인간은 자기중심적이라 어떻게 하든 본인의 행동에 정당성을 부여하기 마련이다. 그만큼 타인에 무심하고 타인에게 하는 행동은 양심의 가책을 느끼지 않는다는 뜻이다. 다른 사람은 다 쉽게 돈 버는 것 같고 힘든 일도 없는 것 같고 인간관계도 술술 풀리는 것 같겠지만 그럴 리가 있겠는가. 타인을 내 멋대로 평가하고 판단하지 말아야 한다. 이기적인 사람과 똑같은 사람이 되지 않으려 노력하자.

험담은 듣지도,
하지도 말 것

'앞에서 할 수 없는 얘기는 뒤에서도 하지 말자.' 타인을 헐뜯는 얘기로 싸움이 일어났을 때, 그 상황을 지켜보며 얻은 깨달음이다. 나 역시 지인들끼리의 갈등에 휘말려 친구를 잃은 경험이 있다. 대학에 다닐 때였는데, 누구의 편을 들지 않고 양쪽 의견을 다 들어주었다는 이유만으로 모두에게 좋지 않은 인상을 주고 말았다. 어떤 문제를 둘러싸고 이런저런 생각을 털어놓으면 한 다리, 두 다리 건너 와전되는 건 순식간이었다. "저 자식 때문에 상황이 더 심각해졌다"라는 말까지 들어봤다. 평화의 제물이 된 내게 끊임없이 날아오는 돌팔매가 얼마나 아프던지. 그때 다짐했다. '아뿔싸, 뒷얘기는 그 현장에 있는 것만으

로도 문제구나. 듣지도, 하지도 말고 동조하지도 말자. 엮이기 싫다면 자리를 피하는 것이 상책이다.'

그 일을 계기로 대학생활 내내 아웃사이더로 지내야 했지만, 인생의 지혜를 챙긴 셈이니 돌아보면 나쁘지 않은 경험이었다. 이후 나는 "A 개, 이거 말해도 될지 모르겠는데, 너만 알고 있어"와 같은 말에 "아니, 나는 남 일에 별로 관심이 없어. 얘기하지 않아도 괜찮아"라면서 화제를 재빨리 돌리는 기술을 터득했다. 여의치 않을 때는 "응, 그런 일이 있었구나"라는 정도로 응수하며 사사로운 입장을 밝히지 않는다. 뒷말, 뒷담화, 험담이라고 하는 건 피해자와 가해자 구분 없이 모두를 해치는 '양날의 칼'이다.

그렇다면 습관처럼 뒷얘기를 하는 사람은 아예 연을 끊으면 되지 않을까? 하지만 어느 정도 경계하는 건 가능해도 완전히 정리하는 건 불가능할 때가 많다. 사회생활에서는 의도하지 않아도 필연적으로 발생하는 상황이 있기 때문이다. 직장에서도 일상적인 대화를 나누다 "어디 부서 누구 알지? 이런저런 일로 요즘 시끄럽던데 소식 들었냐?"라면서 훅 들어오는 뒷이야기를 피할 수 없다. 그러니 뜻밖의 오해가 생기지 않도록 말투와 행동거지를 스스로 단속하는 것만이 최선이라 할 수 있다. 팁을 하나 더 주자면, 말수를 줄이고 어떤 사안에 대해서도 특별히 견해를 밝히지 마라. 청자의 관점에서 묵묵히 듣기만 하라. 말이 많아지면 이야기가 자연스럽게 길어지고, 이야기가 길어지면 방조자라는 미움을 살 가능성이 크다. 자리를 피할 수 없다면 화제라도 피해야 할 것 아닌가.

그러나 아무리 조심해도 살다 보면 인간관계로 고초를 치르는 일을 겪지 않기가 쉽지 않다. 뒷얘기에 과민하게 반응했다는 이유만으로 "이상한 사람이다"라는 욕을 들을 수 있다. 인간관계나 사회생활이 복잡다단한 사건들로 구성되어 있으니 별수 없는 노릇. 하지만 남을 헐뜯기 좋아하는 사람은 어떤 식으로든 누군가를 헐뜯기 마련이라 생각하면 마음이 약간 편해진다. 그 사람들에게 휩쓸리지 않고 내 갈 길만 가면 나는 어떤 타격도 받지 않는다. 우리가 '킵 고잉'해야 하는 이유다.

비밀은 나누지
않을수록 좋다

아무리 친해도 불우한 가정사, 속사정 같은 치부는
주변 사람에게 말하지 않는 편이 좋다. 좋은 소식을 알리
면 시기로 다가오고 좋지 않은 소식을 나누면 약점이 된
다. 관계에서 '비밀한' 이야기는 끈끈한 의리를 형성하는
데는 도움이 될지 몰라도 여차하면 폭로전으로 전개될 공
산이 크다. 불씨만 타오르지 않았을 뿐이지 폭탄이나 다
름없다.

지인에게 어려움을 털어놓는 것은 "나를 밟아주세요.
잡아먹어주세요"와 같다. 자격지심이 심하거나 피해의식
이 가득한 사람을 만나면 더 가관이다. 내가 털어놓은 어
려움을 평소에는 그저 흥밋거리로 여기다가 필요할 때 수

단으로 활용할지 모른다. 상대의 약점을 잡고 흔들어 원하는 목적을 성취하려는 것이다. 나의 비밀을 데이터로 활용하기도 한다. 본인 처지와 비교해 '그래도 내가 낫네. 불쌍한 자식'이라며 쾌재를 부르고 있을지도 모른다. 혹은 당사자가 없을 때 "야, 너라면 어떨 것 같아? 아는 사람 얘기인데 내가 보기엔 좀 그래서 말이야"라면서 2차, 3차 폭로를 이어갈 가능성도 크다.

세상에는 인면수심한 사람이 많다. 사람은 입체적이라 누구나 호탕한 면이 있는 한편 지질한 구석도 있기 마련이다. 아울러 상대적이기도 하다. 이득에 부합하는 상황에는 타인에게 붙어 있다가도 수틀리면 언제든 배신하는 게 인간이다. 그러므로 스스로 '1급 비밀'이라 생각하는 일은 자신에게 함구령을 내려야 한다.

사람들과 거리를 유지하며 사려 깊은 태도를 보이는 일은 생각보다 쉽지 않다. 너무 힘들면 아무에게나 기대 조언이나 위로를 받고 싶은 게 사람 마음이다. 그렇지만 타인의 힘든 얘기를 듣고 싶어 하는 사람은 많지 않다. 물론 가까운 사이라면 한두 번은 가능하겠지만 계속해서 타인의 하소연을 듣고 싶어 할 사람은 아무도 없다. 들어준다고 해도 호기심 때문일 확률이 높고 듣고 나서도 도움이 안 되는 조언이나 던지기 마련이다. 저마다 인생이 다르고 다들 먹고살기 바쁜데, 전문가가 아니고서야 얼마나 도움이 되겠는가. 힘들 땐 차라리 반려식물을 키우면서 위안을 얻거나 의사에게 상담을 받는 편이 낫다.

타인에게 넋두리를 계속하는 습관은 스스로를 갉아먹는 일이기도 하다. '부정적인 생각만 하는 사람', '함께 있을 때 즐겁지 않은 사람'으로 낙인찍혀 외톨이가 될지도 모른다. 설령 공감받고 힘을 얻었다 해도 결국 극복해야 할 대상은 나 자신이다. 위안은 약간 얻었을지언정 문제는 절대 해결되지 않은 것이다. 문제 자체에 집중해야 한다. 그리고 힘들 때는 가능한 만큼 버티면서 단단한 정신력으로 해결책을 찾아나가는 길이 최선이다. 시행착오 끝에 만들어진 노하우, 내가 만든 능력, 나의 장점과 여유만이 나를 지켜준다.

인생을 살다 보면 믿었던 사람에게 뒤통수를 맞기도 하고, 돈독한 관계가 말도 안 되는 이유로 어그러지는 경험을 하기도 한다. 상종하면 안 될 인간을 거르고 걸러도 마치 필요악처럼 그 빈자리에 누군가 다시 등장한다. 아무리 조심해도 똥은 밟기 마련이니 그때마다 부들대며 고통스러워하지 말자. "열 가지 중에 한 가지 안 좋을 수도 있지. 아홉 가지 좋은 것 생각하고 살면 되잖아." 방송인 유재석의 말처럼 덤덤한 태도를 견지하도록 하자.

삶은 정답을 맞춰가며 견고해지는 게 아니다. 대답을 강요하지 않고 물음표를 남겨둔 채 무던히 지나가는 것 자체가 어쩌면 인생인지 모른다. 부정적인 감정도 물 흘러가듯 떠내려 보내면 어느 순간 잊힐 테고, 순간순간 위기를 잘 헤쳐가다 보면 어둡던 인생에도 어느 순간 밝은 빛이 내리쬘 것이다.

준 것은 잊고,
받은 것은 기억하라

'내가 이만큼 주었으니 너도 이 정도는 해주겠지'라는 보상심리는 일찌감치 버리는 편이 내면의 평화를 유지하는 데 도움이 된다. '물질적인 게 아니더라도 감사의 표현은 해야지'라는 마음도 마찬가지다.

관계에서는 내가 100을 주어도 10도 돌려받지 못하는 경우가 허다하다. 게다가 그리 친하지 않은 사이에서는 오히려 돌려받을 기대를 하지 않는데 정이 깊은 사이일수록 받은 것에 대한 감사 표현을 생략해 마음이 상하는 경우가 많다. (물론 경우에 따라 따르다. 고맙다는 말 대신에 실질적인 도움을 주거나 훗날 다른 방식으로 보답하기도 한다.)

내가 누군가를 생각하는 것에 비해 상대는 나를 그만큼 생각하지 않는다고 느낄 때 우리는 감정이 북받치거나 그 관계에 회의를 느낀다. 이 사람, 저 사람에게 이것저것 다 퍼주면서 관계를 이어왔는데 돌려받기는커녕 만만한 사람 취급을 당할 땐 자책과 함께 큰 상처를 입는다.

타인에게 무언가를 베풀고 싶다면 아무 기대 없이, 주고 잊는다는 마음가짐이 좋다. 주고 나서 까맣게 잊어버려야 정신건강에도, 관계에도 이롭다.

기대 없이 베풀면서 물질적인 보상이 아니라 심리적인 보상을 조금이나마 얻고 싶다면 이러한 방법을 추천한다. 타인으로부터 돌아오지 않는 감사 표현 혹은 칭찬과 인정 대신에 '이만큼 주었으니 나는 괜찮다'라는 후련한 감정을 스스로 부여하는 것이다. 이런 태도는 사랑하는 가족과 친구, 호감 가는 지인에게 잘해주었다는 뿌듯함으로 바뀌어 서운한 감정을 해소시킨다.

그래도 도움에 상응하는 보상을 반드시 받고 싶다면? 문서나 구두로 약속하라. "내가 너에게 이러한 도움을 줄 테니 내가 필요할 때 너도 이러한 도움을 주겠니?"

라는 내용에 합의하자. 그러니까 '베푼다'가 아니라 도움을 '빌려준다'는 식으로 관점을 바꾸는 것이다. 언제, 어떻게, 어떤 방식으로 도움을 주고받을 수 있는지 조건을 맞춰간다면 서운한 감정이 줄어들 것이다. 만약에 상대가 약속을 지키지 않는다면 그에 상응하는 대가를 치르게 하면 된다. 이를테면 계약서에 조건을 위반했을 시 적용할 패널티를 적어두거나 최악의 경우 관계를 끊어도 된다. 무리하게 관계를 이어나가려 해봤자 한번 생겨난 서운한 감정은 표출되지 못한 채 점점 곪아갈 것이 분명하기 때문이다.

　무엇보다 명심해야 할 점은 상대가 원하지도 않는데 막연하게 도움을 주고 나서 서운하다 하지 말아야 한다는 것이다. 나의 호의가 상대편의 권리가 되어서도 안 되겠지만, 나의 권리를 주장하는 이유가 되어서도 안 된다.

좋은 관계를 만드는
예쁜 말

　말을 예쁘게 하는 사람은 볼수록 신기하다. 섬세한 단어를 선택했을 뿐인데 품격 있어 보인다. 분위기를 고려해 말을 건네는 행동에는 배려의 향이 물씬 풍긴다. 달변이나 아첨으로 원하는 바를 얻는 것이 아니라 자연스러움으로 마음의 문을 열어 원하는 대로 이끌 수 있다. 단지 말을 예쁘게 했을 뿐인데 말이다. 이렇듯 말을 예쁘게 하면 상대는 꽤 흡족한 기분을, 나는 설득의 힘을 높일 수 있다. 물론 이때 특정 의도를 감추고 그럴싸한 말만 늘어놓으면 안 된다. 물론 의도가 없는 말은 없다고 할 수 있다. 그렇더라도 진심을 담은 말 한마디를 최대한 상냥하게 전달하는 것은 의도를 떠나 듣는 이를 기분 좋게 만든다. 누군가를 설득해야 하는 과정이라면 상대는 말의 힘으로 내 부탁을 흔쾌히 수락할 것이고, 우리는 시간을 절약할 수 있으니 말을 예쁘게 하지 않을 이유는 전혀 없다.

그렇다면 말을 예쁘게 하는 방법이 있을까. 무엇보다 존중을 기반으로 대화를 시작해야 한다. 나보다 상대를 먼저 생각하고 이야기를 듣는 것부터 할 줄 알아야 한다. 중간에 말을 끊지 않는 건 기본이다. 상대가 화제를 선점할 수 있도록 귀인 모시듯 맞춰가는 태도가 필요하다. 내가 하고 싶은 말부터 하지 않고, 먼저 듣는 자세를 견지하는 것. 그렇게 해서 분위기가 누그러지면 어떠한 대화도 기분 좋게 오갈 것이다.

조금 더 구체적인 방법을 제시하자면, 어떤 대화든 상대 위주로 맞추면 된다. 고개를 끄덕이며 공감하는 수준에 머무르는 것이 아니라 조금 더 섬세하게 공감하는 방법이다. 우리는 "나 오늘 어디 놀러가고 싶어"와 같이 무의식중에 자기중심적으로 문장을 만드는 습성이 있다. 상대의 의중을 묻고 제안하는 입장인데도 내 의지와 취향부터 내세우는 것이다. 상대를 생각해서 묻는다 해도 "우리 어디 놀러가지 않을래?" 정도일 뿐 이 경우에도 자신이 주체가 되어 무언가 부탁하는 것에서는 벗어나지 못한다. 이대로는 친절한 인상을 온전히 줄 수 없을뿐더러 내가 원하는 방향으로 상대를 설득하기도 어렵다.

그렇다면 어떻게 하면 좋을까. 문장을 아예 리모델링해야 한다. 문장의 주체부터 내가 아니라 상대로 전환하는 과정이 필요하다. 이를테면 "우리 어디 놀러가지 않을래?"가 아니라 "너에게 아름다운 분위기를 선사하고 싶어" 혹은 "너를 더 좋은 곳에 데려가고 싶어"라고 말할 줄 알아야 한다. 다른 예시로 무언가 제안하는 대화라면 "함께 일을 추진해봅시다"가 아닌 "당신이 이 프로젝트에 참여해주면 좋은 결과가 있을 것 같습니다"와 같이 말하면 타인을 설득하는 데 유리하다.

문장의 주체를 상대로 맞이하는 일. 별것 아닌 듯해도 매우 중요하다. 설득할 때는 추진력을, 협업할 때는 의욕을 고취시킬 수 있다. 주인공으로 대접한다는 태도로 "이렇게나 대접을 해주다니, 이 사람이라면 신뢰할 수 있겠다"라는 인상을 유도할 수 있기 때문이다.

이처럼 문장의 주체를 바꿔 대화 방식에 변화를 주는 것만으로도 예쁘게 말하는 사람이 될 수 있다. 중요한 건 연습이다. 실제 경험으로 체득할 수 있도록 꾸준히 연습하라. 다양한 상황에 적용해 습관화하고, 나에게 맞는 화법으로 발전시켜라. 말은 사람의 그릇이라 한다. 어떤 관점에서 말하냐에 따라 내 모습을 새롭게 만들어나갈 수 있다.

의연하게,
단단하게, 굳게

우리 사회는 갈수록 박탈감을 심하게 느끼게끔 변해 가고 있다. 천정부지로 뛰어오르는 집값은 떨어질 기미가 보이지 않고, 빚을 내서라도 주식 혹은 가상화폐에 전 재산을 쏟아붓는 사람들이 늘고 있다. 소득수준이 낮지 않은데도 노동의 가치가 더는 쓸모없다는 생각, 주식과 가상화폐라도 하지 않으면 더더욱 격차가 발생할지도 모른다는 생각이 조바심을 만든다.

나 역시 마찬가지다. 누가 주식 투자로 수배가 넘는 돈을 벌었다는 얘기를 전해 들으면 마음이 불안하고 초조해진다. 열심히 일해서 월급 받고, 부단히 노력해 연봉을 올리는 일들이 무의미해지는 것이다. "주말이라고 쉬는 게 맞나? 경제 공부에 박차를 가해야 하나?" 소소한 행복마저 위협을 받는다. 사촌이 땅을 사면 부러운 것이 당연한 이치이긴 한데 요즘 같은 때에는 어김없이 배까지 아프다.

상대적 박탈감. 다른 대상과 비교해 권리나 자격 등 자신에게 있어야 할 어떤 것을 빼앗긴 듯한 느낌. 미국의 정신분석가 에드워드 비브링은 "누구나 우월한 힘에 직면하면 삶 자체를 무기력하게 느낀다"라고 했다. 특히 온라인상에서 경제적 격차가 큰 대상을 마주하면 당연히 무력감과 실체 없는 두려움이 생겨나고, 이런 감정은 비교를 거쳐 스스로에 대한 소모적인 판단으로 이어진다. 앞서 말했듯 계획에 없는 소비와 포트폴리오를 짜지 않은 채 투자하는 것이 그 예다.

그렇다면 상대적 박탈감을 자연스러운 심리 현상이라 여기고 순응하거나 마냥 부정적으로 치부해야 할까? 감정의 실체를 확실히 짚고 넘어가면 꼭 그렇지만은 않다. 상대적 박탈감의 본질은 부러움이고 부러움은 누구나 가지고 있는 감정이다. 본질 자체는 부정도, 긍정도 아니며 마음가짐을 어떻게 부여하느냐에 따라 그 향방이 갈린다. 대체로 아무 준비 없이 비교의식이 솟아나면 부정적으로 흘러가기 십상이다. 마인드 수련으로 한층 고차원적인 의식을 고양할 수 있다면 충분히 변할 수 있다. 지금 우울의 밑바닥이라 할지라도 달라질 수 있다는 의지로 마인드를 한 단계씩 끌어올려보자. 이때 도움이 될, 상대적 박탈감을 제거하는 방법 두 가지를 소개한다.

1
스스로를 되돌아보기

특정 기간을 기준으로 과거를 돌아볼 게 아니라 그동안 내 인생을 지탱해온 여러 기둥을 떠올려보라. 환경적인 요소나 물질적인 요소, 학문적인 인프라 등 아무거나 좋다. "생각보다 괜찮은 삶이네"라고 스스로 인정할 수 있는 모든 것을 머릿속에서 꺼내보자. 그리고 단순히 생각하고 말 게 아니라 종이 위에 써내려가라. 언제나 내 곁에서 나를 응원하는 부모님과 친구, 예금통장에 차곡차곡 모아놓은 돈, 한 달에 한 번 정도는 여행 갈 수 있는 여유

같은 것들 말이다.

조금 더 합리적인 마인드를 정립하려면 다음과 같은 방법도 좋다. "2년 전에 나는 점심값으로 5천 원도 부담스러웠는데, 요즘 나는 1만 원 정도는 거뜬하네!" 혹은 "학생일 때는 부모님께 용돈 받아 썼는데, 요즘엔 부모님 여행비도 챙겨드리네!" 같은 생각을 해보는 것이다. 단지 스스로의 긍정적인 측면을 상기했을 뿐인데, 주변 소식, 비교의식, 부러움 등으로 과하게 솟구친 열등감과 박탈감을 줄일 수 있다. 동시에 과소 평가된 자신의 인생을 재평가하는 효과도 있다. 또한 스스로를 부정적인 성향에서 긍정적인 성향으로 돌려놓을 뿐만 아니라 그간의 행적을 통해 앞으로의 가능성을 유추해낼 수도 있다. "앞만 보고 사느라 몰랐는데 힘든 상황에서도 내 인생은 꾸준히 좋아졌구나. 그래! 시련은 있어도 실패는 없는 거야." 박탈감을 도리어 성장의 원동력으로 활용하는 방법이다.

2
인간관계 거리 두기

상대적 박탈감을 발생시키는 원인 중 하나인 비교의 식을 차단하는 방법이다. 즉 비교 대상과 일정 거리를 두거나 아예 단절함으로써 심리적 구속으로부터 자유로워지는 것이다. 돈 자랑하는 방송, 벼락부자가 된 사람들의 소식 등 자괴감을 유발시키는 것이라면 뭐든 해당된다. 마음을 괴롭히는 요소라 판단하면 즉각 차단하자. 영상이나 방송이라면 채널을 돌리거나 구독을 취소하라. 주변 사람이라면 연락을 줄이고 만남을 되도록 피하라.

단 지인이라면 주의 사항이 따른다. 어느 정도 그들과 동등한 위치에 섰다 싶으면 고립에서 벗어날 줄도 알아야 한다. 영원한 고립은 도리어 외로움이라는 2차 문제를 만들기 때문이다. 심리적 회복을 위해 언제까지 고립할지 기간을 설정해두는 일과 함께 언제든 다시 만날 수 있는 최소한의 장치를 마련해두는 것은 필수다. "요즘 일이 바빠 사람 만날 엄두가 안 나네. 미안해"라거나 "나중에 다시 연락해도 되지? 그때 커피 한잔하자"라는 말을 미리 건네는 것이다. 이렇게 하면 통보도 없이 사라졌다 자기 필요할 때만 연락한다는 비난을 면할 수 있다.

　자, 이제 당신은 비교의식이나 상대적 박탈감에 결코 무기력하게 휘둘리지 않을 것이다. 위 방법으로 더 견고하고 당당한 사람으로 성장할 수 있다. 인생을 살아가며 수많은 좌절과 상처를 겪더라도 끝끝내 자존감을 잃지 않을 수 있다. 누구에게나 다 때가 있으니 단기적인 성과에 연연하지 마라. 소중한 나 자신을 잃지 않으면서 존재하길. 오늘 하루도 살아내느라 고생 많았다. 마음의 중심을 굳게 잡은 채 건실한 사람으로 성장하길.

어째서
이런 일이 생긴 걸까

　짧은 시간에 급격히 친해진 두 사람이 있다. A라는 사람은 남 일에 참견하길 좋아하는, 다소 오지랖이 넓은 성격이고, B라는 사람은 귀가 얇아 잘 어르기만 해도 설득에 쉽게 넘어가는 성격이다. 딱 봐도 정반대인 두 사람이 어떻게 친해진 걸까? 자주 만나 밥도 같이 먹고 시시콜콜한 이야기로 시간을 보내는 것으로 보아 적적함이 두 사람 사이를 가깝게 이어준 것으로 짐작할 수 있다.

　이런 두 사람 사이에 문제가 생겼다. 사건의 발단은 이렇다. 주식을 화제 삼아 대화를 나누면서 A가 호언장담한 적이 있었다. "이 종목 사면 절대 후회 안 해." 긴가민가하던 B는 금세 설득당해 A의 말을 믿어보기로 하고

A가 권유한 종목에 투자했다. 얼마 후, 예기치 못한 악재로 B의 투자금이 반 토막 나버렸다. "이거 어떡하냐. 책임져라." B가 반쯤 진심을 섞어 따지자 A는 정색하며 선을 그었다. "내 책임은 아니지. 사라고 하긴 했지만 결국에는 네 선택이었잖아." 그 말을 들은 B는 감정이 확 상했다. 아무리 생각해봐도 A가 확실한 것처럼 말했기 때문이다. "내 말 믿고 사라니까? 절대 후회 안 해. 내가 장담할게." 분명 그런데도 이제 와 뻔뻔하게 발뺌하는 A가 괘씸하기 짝이 없었다. 이후로 두 사람은 사소한 일로 감정이 상해 다투기도 하는 등 전처럼 허물없이 지낼 수 없게 되었다.

그렇다면 이런 상황을 만든 원인이 무엇인지 알아보자. 첫 번째, 단둘이 있을 때 벌어진 사건을 두 사람이 각자의 방식대로 해석했기 때문이다. 제삼자라도 있었다면 객관적인 판단이 이뤄졌을 텐데, 둘 사이에서 일어난 일을 두고 서로 엇갈린 주장을 하니 결론은 나지 않고 감정만 상할 뿐이다. 대화가 진전될수록 "그렇게밖에 말하지 못하겠냐"라고 자신의 서운함만 토로하는 등 본질과 관련 없는 말싸움으로 번지고 만다. "그러고 보면 너는 항상 그랬어"라며 이전 잘못까지 들추는 행위 또한 상황을 심각하게 만드는 데 한몫한다. 사실 첫 번째 이유야 대수롭지 않게 넘길 수 있다. 갈등 도중에 감정이 격해지면 나올 수 있는 말이니까. 하지만 잘못한 것에 대한 사과가 아닌, '이 관계를 망치지 않기 위한' 사과 정도는 할 수 있지 않았을까? 어느 쪽이든 먼저 화해의 손길을 내밀었다면 화해의 물꼬를 틀 수 있었다.

두 번째는 일어난 사건에 관해서만 얘기하지 않았기 때문이다. 어떤 문제를 둘러싸고 "둘 다 틀리긴 뭐가 틀려. 내가 옳지!"와 같은 반응이나 한번 굽히면 나중에 또 비슷한 일로 굽혀야 한다며 관계보다 자존심을 앞세우는 태도는 상대방과 나 사이에 남아 있는 최소한의 신뢰마저 무너뜨린다. 더구나 갈등 상황에서 상대보다 우위에 서려는 자세와 본인 의견이 받아들여지지 않으면 관계의 종료를 협박 카드로 들이미는 습관 등은 관계를 망치는 최악의 행동이다.

물론 저마다 사정이 있을 수 있다. 과거에 겪었던 갈등 상황에서, 억지라도 부리는 것이 상책이라거나 선을 그어야 내가 피해 보지 않는다는 태도를 보였다면 더욱 그럴 만하다. 또는 비슷한 사건으로 상처를 주고받은 기억이 남아, 그럴 낌새라도 보이면 괜한 방어기제를 드러내기도 한다. 불안의 총체적인 위협으로부터 자신을 보호하기 위해서다. 그러나 이런 태도는 어떤 이유든 간에 관계에서 명백한 독으로 작용한다. 사정을 이해할 리 없는 상대방은 영문도 모른 채 골머리를 앓아야 하기 때문이다.

　사소한 문제가 심한 갈등으로 번지지 않으려면 기억 폭행과 상관없이 지금 이 관계에 최선을 다하는 태도가 필요하다. 기존에 받은 상처가 어떻든 그것을 현재와는 다른 선상으로 보는 것. "그런 점이 힘들었구나. 생각해보면 내 잘못도 있었네"라는 식으로 타인의 감정을 인정하는 동시에 "지금은 이것이 문제인데 어떻게 해결하면 좋을까?"라고 현 상황만 직시해 전달하는 자세가 필요하다. 나아가 상대의 상처받은 내면을 보듬기까지 한다면 더욱 좋다. "괜한 고집으로 상처를 줬구나"라고 하면서, 감정을 고스란히 드러낸 일을 사과하고 화해의 제스처를 취하는 것은 알고 보면 결국 나를 높이는 일이다.

　"사람을 사랑하는 것은 용기가 필요하다. 사람을 용

서하는 것은 더 큰 용기가 필요하다." 방송인 사유리가 자신의 SNS 계정에 남긴 문장이다. 사람이 한번 미워지면 매 순간, 모든 행동에 의문이 생기는 것이 정상이지만, 그러기 전에 그 사람을 왜 미워할 수밖에 없었는지, 누군가를 미워하는 내 마음을 가만히 들여다보는 시간을 갖는 것이 필요하다.

진짜 어른이
된다는 것은

1

가는 이 붙잡지 않고 오는 이 막지 않는 것

가는 사람에게는 미련을 두고 오는 사람은 경계하느라 늘 피곤했다. 주변엔 내 에너지를 받아 활개 펼치는 이들뿐인 것 같은데, 정작 나라는 존재는 소멸되는 기분이라고 할까? 혹은 내 모든 에너지가 바닥으로 한없이 침전되는 듯했다. 내 마음조차 돌볼 겨를이 없다는 것이 슬펐다. 당장 나부터 살아야 했다. 가는 사람에게는 간결한 인사를 전하고, 오는 사람에게는 깔끔한 인상을 심어주기로 다짐했다. 담백한 관계를 만들어가기로 마음먹었다.

2
타인과의 거리를 제대로 보는 시각이 생기는 것

관계를 잘 맺는 것만큼 관계를 잘 끊는 것도 중요하다. 주변에 가식적인 사람들뿐일 때, 어떤 일을 함께 저질렀는데 모든 잘못을 혼자 뒤집어쓸 때, 서로 위하는 척하지만 속으로 끊임없이 견제하는 게 느껴질 때 인간관계에 회의가 생긴다. 이럴 땐 아예 단절을 택하든 적당히 거리를 유지하든 나름의 처세술이 필요하다. 모든 사람에게 좋은 사람이 될 필요는 없다. 상대와 나와의 거리를 제대로 보는 시각을 키워야 한다.

3
영원한 편도, 영원한 적도 없음을 아는 것

사회인이 되면 묘한 일이 일어난다. 이득을 놓고 으르렁거리며 대립한 사람과도 공동의 목표가 생기면 협력하게 되는 것이다. 또한 공과 사를 구분한다는 명목으로 웃는 가면을 써야 할 때가 있다. 궁금하지 않은 안부를 물으며 공생 관계를 지켜야만 하는 것이다. 얌전히 있다가 부뚜막에 먼저 올라가는 행동이나 전체를 위하는 척하면서 뒤로 호박씨를 까는 능력도 필요하다. 사회에서는 애초에 영원한 적도, 영원한 편도 없기에 양심의 가책을 느낄 필요는 없는 것. 어른의 삶은 냉혹하다기보다 빈껍데기임을 깨닫는 것. 그것이 진짜 어른이다.

4
관계가 끝난다는 사실을 담담히 받아들이는 것

살다 보면 진심이라 믿었던 사이가 여느 겨울날보다 차갑게 느껴지는 일이 비일비재다. 어쩌면 추억만을 간직한 채 새로운 인생을 계획해야 할지 모른다. 그 사람과의 관계가 끊어지더라도 또 하루를 살아가야 한다. 그러니 진짜 어른이 된다는 것은 관계에서 실망이 계절처럼 찾아오는 것임을 인정할 줄 아는 것이다. 사계의 순환이 다소 지루하고 가차 없게 느껴질지라도 그게 순리라 여기고 나는 내 자리를 묵묵히 지키는 것, 동시에 다른 관계를 더 소중히 여기는 것이 무엇보다 중요하다. 그렇게 좋은 인연을 곁에 두면 또 다른 관계 맺기가 가능해진다.

5
정도를 지키며 행복에 가까운 삶을 사는 것

정도(正道)를 지키는 삶이란 무엇일까? 사회적으로 응당 하지 말아야 할 것은 하지 않는 것. 이는 두말할 필요가 없다. 조금 더 유연한 시각으로 보면 행복에 가까운 삶을 살아가는 것이 아닐까. 관계에서 이질감을 느끼는 행동에 대해 주저할 줄 아는 태도다. 이를테면 성급히 마음을 열지 않는 것. 모든 사람을 챙길 수 없다 여기는 것. 내 마음의 범위와 속도에서 정상적으로 살아갈 수 있는 걸 말한다. 마음의 주관자로서 자리를 당당히 지킬 줄 알아야 한다. 그 삶이 조금 고독할지라도 정도를 지키는 삶에는 안도와 평안이 가득할 테니 말이다.

6

무조건 착하게, 다정하게, 진실하게만 살지 말 것

모든 이에게 마냥 착하게 굴었다간 만만한 사람이 되기 쉽다. 호구는 호인은 다르다. 무조건 희생하다 보면 다정하거나 따뜻한 사람이라 인정받는 게 아니라 얕보이는 계기가 된다. 만만한 호구와 따뜻한 호인을 혼동하지 말자. '착함'은 그에 걸맞은 인격을 갖춘 사람에게만, '다정함'은 공감 능력이 뛰어난 사람에게만, '친절함'은 호의를 잘 베풀 줄 아는 사람에게만 드러낼 것. 상대에 따라 선택적으로 '착하고 다정하고 진실하게' 대하도록 노력하자. 나를 존중하지 않는 사람과 잘 지내려 애쓸 필요는 없다.

사회적 낙인이
무서운 이유

남자들끼리는 호구조사라도 하듯 꼭 물어보는 것이 있다. "군대 어디 다녀왔어?"라는 질문이 그것이다. 군대를 다녀오지 않았다고 하면 어김없이 부러움의 시선이 따른다. 하지만 군대에서만 배울 수 있는 것이 있다면서 어떤 영역에서 '일머리가 부족한 사람'이란 프레임을 씌우기도 한다. 그렇지 않다고 부인하고 정당한 실력으로 증명하면 될 텐데 미필자인 나 역시 어떤 실수를 하면 내 특성이나 능력 부족에서 비롯됐다는 생각보다 군대를 다녀오지 않아서 이런 부분이 부족한 건 아닌지 생각하게 된다. 당연히 군대에서 부대끼며 터득하게 되는 다양한 기술과 지혜가 있을 것이다. 다만 그것이 모든 사람, 모든 일에 적용될 리는 없고 그래서도 안 된다고 생각한다.

교육학자 로젠탈이 주장한 '골렘 효과'는 일명 교사 기대효과, 피그말리온 효과라도 하는 주장으로, 사람들의 기대와 예측, 믿음이 상대에게 그대로 실현되는 것을 뜻한다. 가령 상사가 부하직원에게 부정적인 시선을 가지고 있으면, 그 시선을 의식이라도 하듯 부하직원이 부정적인 결과를 만든다는 것이다. 이건 군대를 다녀오지 않은 내 처지에 적용해도 마찬가지다. "군대도 다녀오지 않은 네가 하는 일이 그렇지 뭐"라는 얘기를 들으면 대꾸할 의지마저 상실하고 의기소침해져서 평소 같으면 무난히 처리했을 일도 실수한 경우가 여러 번이었다. "그래, 난 어쩔 수 없어"라는 자조적인 말을 내뱉기도 했다. 실제 히브리어에서 '골렘'이라는 단어는 '멍청한 사람', '아무짝에도 쓸모없는 사람'으로 풀이된다.

물론 노력해보기도 했다. 남들보다 부지런히 일해서 성실한 모습을 보여주려 했고 신경 쓰지 않는 척 웃으며 넘기는 식으로 선입견을 버텨내기도 했다. 하지만 수시로 찾아오는 자괴감이 우울감으로 변하는 건 그리 오래 걸리지 않았다. 이론적으로도 골렘 효과는 극복하기 어렵다고 한다. 강화된 편견 앞에서는 어떠한 노력도 그저 미봉책에 불과하기 때문이다.

그렇다면 개선할 여지가 전혀 없을까? 극복하기는 힘들어도 완화하거나 스트레스를 해소할 순 있다. 그러한 노하우를 잠깐 소개해보고자 한다.

첫 번째는 삶의 주요 목적을 재설정하는 것이다. 원대한 목표가 아니어도 상관없다. 그저 '생존'에 초점을 맞추는 것이다. 먹고사는 일이 얼마나 고되든 일한 대가를 받는 일에 집중하라. 욕심을 내려놓고 한결 편해진 마음으로 '마이너스 상태에서 영점으로' 돌아오라. 래퍼 스윙스의 말처럼 "왜 우사인 볼트가 세계에서 제일 빠른 사람인 줄 알아요? 끝까지 갔기 때문이에요"라고 자기 위안도 하면서 안도감을 형성하는 데 집중해보라.

두 번째는 일과를 마치고 나서 부정적인 생각을 가라 앉혀줄 여가활동을 누리는 것이다. 낮아진 자존감을 회복시킬 수 있는 다양한 대안을 마련해두면 좋다. 관계나 조직에서 벌어지는 일들을 변화시킬 수 없다면 내가 변하는 수밖에 없지 않은가. 특히 그것이 생업과 관련되어 있다면 그만두지 못하는 이상 받아들여야 한다. 그러니 다른 즐거운 활동에서 재미를 찾으면 좋다. 좋아하는 사람과 카페 투어를 다니거나 원데이 클래스처럼 자아실현을 위한 취미도 좋다.

무슨 일을 하든 사람 때문에 받는 스트레스가 대부분이라 한다. 하지만 사람이 사람 없이 살아갈 수는 없다. 불가피하게 감정적인 스트레스를 받아야 한다면 다소 덜 받기를 바란다. 받더라도 버텨낼 수 있을 만큼만 받기를. 그밖에 삶을 지탱할 여러 요소를 잘 설정하여 균형 잡힌 삶을 살기를 바란다.

함께 가려면
균형이 중요하다

나이를 먹을수록 인간관계가 더 어려워지는 듯하다. 관계의 폭도 점점 좁아지고 새로 알게 된 사람은 진심을 알기 힘들어 대하기가 조심스럽다. 학창 시절엔 수업을 함께 듣고 밥을 함께 먹으면서 입시나 취업 준비라는 같은 목적을 가지고 우정을 쌓을 기회가 있었다. 그때의 인연들은 동행이라는 의미에서 하나로 묶였다. 그래서일까. 졸업 후에 서로 가는 길이 달라도 이런저런 핑계로 한동안 어울릴 수 있었다.

하지만 직장생활이 한두 해 이어지다 보니 얼굴을 보기는커녕 연락하기조차 어렵다는 걸 알았다. 언제 한번 보자고 말하는 건 예의상으로 건네는 빈말인 경우가 많았다. 상황이 사람을 만들고 환경이 관계를 바꾸어놓는다. 서로 다른 직업, 다른 처지다 보니 정말 보고 싶은 마음이 있어서 노력하지 않으면 안 보게 된다. 또한 보고 싶은 마음이 개인의 이익을 목적으로 한 필요가 되었을 때 서먹해지기도 한다.

직장인과 취업준비생, 기혼과 미혼 등 상황이나 환경이 달라지면 공감할 수 있는 이야기가 겹치지 않아 관계를 이어나가기 힘들다. 오랜 친구라 해도 만나면 오가는 이야기가 "그때가 좋았지"라면서 추억을 안주 삼는 대화에 한정되는 것처럼 관계가 더 깊어지지 않는다. 접점이 사라지면서 그저 동창의 수준에 머무는 것이다. 특별한 갈등이 있어 틀어지는 것이 아니다. 상황이 관계의 거리를 만든다. 그밖에도 사회에서 새로 만나는 사람들이 늘어나면서 피로를 느끼기도 한다. 인맥 관리는 필수라는데 나 한 몸 건사하기도 벅차 누구에게도 신경 쓸 여력이 없는 것이다. 그렇다면 수시로 달라지는 인간관계의 모양을 내가 원하는 대로 만들어가는 방법은 없을까.

1

관계에 융통성 갖기

연애를 시작하거나 결혼에 골인한 친구에게 서운한 감정을 느낀 적이 누구나 있을 것이다. '내가 그동안 그렇게 잘해줬는데 애인(혹은 가족)이 생기니까 나는 찬밥 신세네?'라며 괜한 심통을 부리는 것이다. 더 가깝고 더 사랑해주어야 할 대상이 생기면 아무리 가까운 친구라 해도 우선순위가 밀리는 건 당연한데 함께한 시간을 들먹이며 내 감정만 강요하는 꼴이다.

그럴 땐 '관계는 언제든 소원해질 수 있다'라는 점을 떠올리며 상대에게 과도한 기대와 노력을 하지 않는 태도가 중요하다. 10년간 알았으니 10년 치의 사랑을 받겠다는 기대를 버리는 것이다. 마음이라는 게 준 대로 돌려받을 수 없지 않은가. 물론 어쩔 수 없이 서운하겠지만, 나도 그랬을 거라 여기며 적당한 기대와 믿음 속에 살자. 관계 자체에 미련을 두지 말고 현재의 거리에 맞춰 진심을 쏟자. 아무리 우정을 중요시하는 사람이라도 그에게 우선순위는 사랑하는 대상이 될 수밖에 없다. 상황이 그렇다

는 것을 인정하고 '나는 왜 뒷전이지?' 하며 비관할 필요
는 없다.

2

넓고 가볍게 사귀기

　　오랜 친구와도 공감대가 줄어 진심을 나누기 어려울
때, 사회생활이란 것을 해야 해서 인맥을 관리하고 싶지
만 도저히 짬이 나지 않을 때 유용한 방법이 있다. 발이 넓
은 친구 한 명을 사귀고 그 친구를 중심으로 아는 사람들
을 넓혀가는 것이다. 교집합 부분이 적은 그룹이라 해야
할까. 같은 목적(친구 없는 사회인들의 심심함과 외로움 해소)
의 사람들끼리 관계를 맺는 것이다. 이런 관계의 장점은
구태여 에너지를 써가며 친해질 필요가 없고 속 깊은 이
야기 대신 유머나 농담을 주고받으면서, 사람 만나는 기
분을 느낄 수 있다는 것이다. 장점을 한 가지 더 꼽자면 위
관계 특성상 트러블이 발생했을 때, 별 고민 없이 손절하
면 된다는 점이 편리하다. 무리라고 하기에 산발적이고
끈끈한 공동체 의식으로 묶인 관계가 아니므로 갈등이 생

기면 그 사람이 아닌 제삼자와 잘 지내면 그만이다.

인간관계를 너무 어렵게만 생각하지 말자. 단지 '지금은 맞고 그때는 틀렸다'라는 말을 기억해두자. 시간이 지나고 나이가 들면 또 그 상황과 내 상태에 맞는 관계 매뉴얼을 적용하면 된다. 그러니 내 마음과 정신을 건강하게 지속하는 일에 집중하면서 무리 없이 관계를 유지할 방법을 찾자. 융통성과 조금은 계산적인 방법이 오늘의 당신을 현명한 사람으로, 균형 잡힌 삶으로 안내할 것이다.

나와 관계 모두를 지키는
대화의 기술

날카로운 말 역시 '양날의 칼'이다. 날을 함부로 놀리면 상대에게 씻을 수 없는 상처를 주고, 실수를 저지른 본인마저 가해의 책임을 면하지 못한다. 이를테면 "네가 할 줄 아는 게 뭐니?" 따위의 말은 듣는 이를 충격에 빠트리고 전한 사람은 뭇사람들의 비난을 맞는다. 그렇게 말의 파장이 커질 때 사람들은 수습하려고 애쓴다. 하지만 한번 내뱉은 말은 도로 주워 담을 수 없다. 이미 상대의 마음속에 잘 안착한 그 말은 의미를 변형시켜 회수할 수 없는 상태가 되기 때문이다. 말의 소유권이 바뀌어 그 말을 들은 사람 마음대로 해석되는 것이다.

설령 나쁜 뜻에서 한 말이 아니라 할지라도, 상대의

마음속에서 위의 "네가 할 줄 아는 게 뭐니?"라는 말은 이러한 반응을 불러올 수 있다. "당신 인생이나 신경 쓰시죠"라거나 더 악에 받치면 "당신 인생도 별거 없어 보이는데, 꼰대 짓 그만하시죠"라는 반응을 유발한다. 그러다 보면 부정적인 언급을 받으면 기분이 당연히 상하기 때문에 어김없이 말다툼으로 이어진다. 승자도 패자도 없이 상처투성이인 두 사람만 남는다. 서로 자존심을 할퀴어 관계가 단절될 수도 있다.

그렇다면 말을 어떻게 해야 할까? 나의 의도를 상대에게 제대로 전하려면 어떻게 말해야 할까? 대화할 때는 분위기를 부드럽게 만드는 것도 중요하지만, 단어 하나하나에 신중을 기울여야 한다. 한 번의 말실수가 한 번의 트러블을 만들고, 괜찮은 사이를 망치는 원인으로 작용할 수 있기 때문이다. 아무리 오래되고 견고한 사이라 할지라도 흔히 '선을 넘는 행동'은 자중해야 한다. 그렇다면 어떤 말을 조심해야 하고, 어떻게 조심하는 것이 좋을까? 관계와 나 자신의 안위를 지킬 수 있는 대화 스킬을 알아보자.

1

본인의 경험을 빗대 남의 처지를 함부로 평가하지 말 것

평가의 말투라 불리는 화법이 있다. 누군가 고민을 털어놓으면 "나 때는 말이야. 이 정도 고생은 아무것도 아니었어. 그런 경험도 하면서 더 고생해봐야 실력이 늘지"라면서 고민 해결에 전혀 도움 되지 않는 충고를 늘어놓는 경우다. 고명한 명사라도 된 양 그럴듯한 방법을 제시하지만, 듣는 사람 입장에서는 원치 않은 조언일 뿐이다. 오히려 부담만 가중시켜 답답한 기분만 남은 채 대화가 끝날 것이다.

만약 실속 없는 조언 대신 "그랬구나. 그런 힘든 일이 있었구나"라고 공감 어린 대화를 나누었다면 어땠을까? 고맙다는 반응이 나왔을지도 모른다. 자연스레 기대감이 조성되어 "그러면 어떻게 하지?"라고 해결책을 말해주길 원했을지도 모른다. 고민을 털어놓았다는 건 공감 혹은 내 편이 되어달라는 무언의 신호다. 맥락의 분위기에 맞춰 제대로 호응할 수 있는 자세가 필요하다는 뜻이다. "일단 내 이야기 좀 들어줘." 이런 마음을 잘 알아차린다면 결코 싸울 일이 없다.

상대의 기분을 상하지 않고 조언을 건네는 일종의 대화 매뉴얼을 살펴보자. 따라하기만 한다면 기본은 할 수 있는 대화로, 맥락에 따라 융통성 있게 적용하면 더할 나위 없다.

① 그런 일이 있었구나.
② 고생했겠네. 지금은 좀 괜찮아?
③ 내가 그때 알았으면 도와줬을 텐데, 어떡하냐.
④ 그래도 뭐, 네가 알아서 잘 수습했겠지.
⑤ (공감을 나누는 도중 상대가 조언을 구할 경우) 내 생각에는 말이야, 이렇게 해보는 건 어떨까 싶은데, 한 번 들어볼래?

2

무시하는 말투를 삼갈 것

"네가 그렇게 행동하니까 그런 문제가 생기지."나 "그럴 줄 알았다. 내가 조심하라고 했지?"라는 식으로 가까운 누군가나 경험이 부족하다 여기는 사람에게 조언을 빙자한 핀잔을 아무렇지도 않게 쏘아대는 사람이 많다. 부모가 자식에게 거침없이 꾸지람하듯 말이다. 물론 나쁜 의도가 아닐 수도 있다. 상대가 변화의 필요성을 느껴 스스로 달라질 수 있게 경각심이나 수치심을 주려는 의도를 담은 쓴소리일 수도 있다.

하지만 중요한 사실을 간과했다. 전후 사정을 듣지 않고 성급하게 감정적인 추론을 범한 것이다. 본인의 날카로운 평가 잣대부터 드러낸 데다 상대의 아픈 부분에 뜨거운 인장을 찍은 셈이나 마찬가지다. 상대는 변화는커녕 불쾌한 기분에 휩싸일 수밖에 없다. 이런 말은 하기 전에 조금만 생각하면 쉽게 내뱉는 습관을 고칠 수 있다. 무엇보다 상대를 업신여기지 않는 것. 힘든 점을 구태여 꼬집어 말하지 않는 것. 조금만 더 상대 입장에서 고민을 들어주는 것. 그럴 자신이 없으면 입을 꾹 다물고 있는 것. 혹은 그러한 뾰족한 말투를 머릿속에서 지워내는 것이 해결책이 아닐까 싶다.

좋은 소식을 듣고 찬물부터 끼얹지 말 것

"고작 그런 게 그렇게 기뻐?", "웬일이래? 해가 서쪽에서 뜨겠네"와 같은, 상대의 감정을 하찮게 여기거나 무시하는 말투로 기분만 상하게 하는 화법을 자제하자. 상대가 좋은 소식이라고 하면 있는 그대로 좋은 소식으로 받아들일 수 있어야 한다. 아무리 친한 사이라 할지라도 말이다. 내가 뭐라고 남의 행복을 평가하나. 막말이 장난으로 통하는 사이라 해도 타인으로서 마땅히 지켜야 할 예의를 무시해서는 안 된다.

막역한 사이라면 그만큼 관계를 더 소중히 해야 한다. 허물없이 지내면서도 선을 넘지 않는 태도가 필요하다는 말이다. 그러기 위해선 감정에만 취해 있지 말고, 중간중간 언행을 점검할 줄 알아야 한다. 이를테면 "네가 그런 일을 했다고?"가 아니라 "고생 많았네. 그런데 너 예전 생각나냐? 그때와 비교해서 정말 많이 성장했다"라는 식으로 장난기가 섞여도 결국 듣는 이에게 좋은 의도가 전달되어야 한다. 친밀한 사이일수록 장난과 진담을 적절하게 섞어 말하는 것이 좋다. 더욱 세련되게, 풍자와 비판의 경계를 적절하게 타듯 말이다.

직장생활에서
신경 쓸 가치가 없는 말

　직장에 머무는 시간은 우리의 일과에서 큰 비중을 차
지한다. 그런 만큼 회사생활을 단순히 일만 하는 시간으
로 치부할 수 없다. 게다가 직장에서도 우리는 다양한 인
간관계를 맺고 그 관계들 때문에 즐거움도 얻고 스트레
스도 받는다. 그 관계의 주체는 상사일 수도, 후배일 수도,
동료일 수도 있다. 그 사람들에게 휘둘리지 않고 그들이
생각 없이 내뱉는 말 한마디에 상처받지 않기 위해, 직장
생활에서 종종 듣지만 신경 쓸 가치가 없는 말에 무엇이
있는지 살펴보자.

1

너 때문에 회사가 돌아간다, 끝까지 함께하자

이런 말에 넘어가지 않아야 한다. 어느 조직이든 마찬가지다. 구성원 한 명이 없다고 회사가 돌아가지 않을 리가 있겠는가. 그런데도 신입 직원에게까지 이런 말을 남발한다면 그 조직은 내일 망해도 이상하지 않을 정도로 부실하다는 사실을 드러내는 셈이다. 경력자에게 이런 말을 한다면 사장이나 상사가 마음에도 없는 '립서비스' 중일 수 있다. 무엇이 되었든 그 조직에 머무르는 것을 생각해봐야 한다. 위 말이 사실일 수도 있지 않느냐고? 그럴지도 모른다. 실질적인 보상이 이루어진다는 조건에서는 그렇다. 업무를 줄여주거나 월급을 올려주거나 혹은 보너스를 챙겨주면서 좋은 말을 덧붙여야 한다. 그것이 아니라면 계약을 기반으로 한 공적 관계는 흔들리기 마련이다.

아울러 우리는 자기 인생의 유일한 결정권자로 내게 더 이득이 되는 선택을 할 필요가 있다. 다른 직종에서 경력을 쌓고 싶고, 경제적으로 더 많은 부를 얻고 싶다는 목적 앞에 당당해져도 괜찮다는 뜻이다.

2
다른 일은 못할 것 같으니 지금 일이나 열심히 해라

타인의 자존감을 깎아내려 그 사람을 마음대로 부리려는 사람에게 흔히 들을 수 있는 말이 있다. 극단적인 예를 들어보자. "이 나이 먹도록 뭐하다가 이제 왔냐? 뭐? 공무원을 3년? 네 인생도 참 각박하다. 어차피 다른 일 하긴 늦었으니 여기서라도 잘 버텨봐라"와 같은 대화로 노예처럼 부려먹을 명분부터 만든다. 이어서 "그런데 우리 회사 분위기 보면 알겠지. 월급은 많이 못 챙겨줘"라는 식의 말로 이를 정당화하려 들 것이다. 이유 여하를 막론하고, 오갈 데 없는 사람을 거둬줬으니 도리어 감사하라는 뜻이다.

사실이 그러하니 대꾸하기도 어렵다. 하지만 인생은 나무가 아닌 숲을 봐야 하는 법. 고작 이십대 몇 년을 허비했다고 해서 경쟁 궤도에서 벗어난 것이 아니다. 절치부심의 심정으로, 인생 포트폴리오를 다시 설계할 시간은 충분하다. 위의 말을 한 사람들이 틀린 말을 한 건 아니지만, 좋지 못한 의도로 가스라이팅 하는 말일 수 있으니 곧이곧대로 받아들이지 말자.

3

너만 힘든 줄 아냐, 참을성 좀 키워라

누구나 면접 자리에서 입사 포부를 밝힐 때, 최대한 그럴듯한 내용으로 포장해 말한다. 하지만 솔직히 말하면 우리 모두 생계를 위해 하나뿐인 노동력이라도 팔아보려는 것 아닌가. 원치 않지만 해야 하는 일 앞에서 누군들 즐겁겠는가. 먹고살기 위해서 꾹 참고 버티는 거지. 이러한 사실을 머리로 이해 못 할 바는 아니지만 감정적으로는 충분히 서운할 수 있다.

아울러 타인의 힘듦을 멋대로 재단하려는 태도 역시 바람직하지 않다. 어떤 환경에서 얼마나 힘들었는지는 중요하지 않다. 소노 아야코의 에세이집 『약간의 거리를 둔다』에 나오는 "세상이 나를 어떻게 바라보든 솔직히 관심 없다. 어차피 인간은 타인을 제대로 평가하지 못하니까"라는 말에서 알 수 있듯 사람들에게 타인의 힘듦은 그다지 중요하게 와닿지 않는다. 그러므로 "너만 힘든 게 아니니 충분히 버틸 수 있어"라는 말은 아무짝에도 쓸모없다. 도리어 반항심만 키울 뿐이다.

설령 제삼자가 보기에 참을성이 없어 보이는 사람도 사흘마다 작심삼일 하는 마음으로 아등바등 살아가기도 한다. 타인의 인생을 멋대로 평가하지 않는 것, 각자의 삶의 방식이 다르다 여기는 것이 중요하다. 나와 같은 생각을 강요하는 건 폭력이며 행패일 뿐이다. 내 속이 후련해지겠다고 내뱉는 충고는 목구멍으로 다시 삼켜버리자.

4
참는 사람이 이기는 법이야

참는 사람이 이긴다는 말은 말만 놓고 보면 물론 사실이다. 생계가 달렸을 때라거나 어떤 목표가 있을 때, 꿈을 위해 달려갈 때라면 더더욱 그렇다. 추진력 있고 능력 있는 사람이 아니라 끝까지 가는 사람이 승자다. 하지만 불의를 목도하거나 과도한 업무를 짊어져야 할 때는 그래서는 안 된다. 참는 사람은 이기는 게 아니라 그 조직에서 가장 만만한 사람으로 보일 확률이 크기 때문이다. 어떤 상황이든 '죄송합니다'를 되도록 자제해야 하는 이유이기도 하다.

상대가 나에게 빚을 진 경우라면 괜찮다고 생각할 수도 있다. 하지만 써놓지 않은 과거의 약속이나 은혜는 망각 속에 묻힐 뿐이다. 구체적으로 어떤 빚을 졌는지는 기억나지 않고 친절한 사람이라는 인상만 남을 것이다. 이는 인간의 이기심과 결합해 '어떤 부탁도 흔쾌히 들어줄 사람'으로 변질될 것이다.

나를 존재하게 한 존재들에게
보내는 경의

어릴 적 부모님은 대단한 존재였다. 어린 나에 비해 실제로 키가 두 배 가까이 크고 힘도 그만큼 셌다. 그뿐만 아니라 짐작조차 하기 힘든 영역의 일들을 능숙히 해치웠고 세상 모든 것을 다 알고 있는 것만 같았다. 이를테면 "하늘에 있는 별은 왜 반짝이는 거야?"라고 물어보면 "반짝이는 과정에서 에너지를 만들고, 내일 우리 모두에게 힘을 주려고 그러는 거야"라는 대답을 들을 수 있었다.

하지만 사춘기에 접어들면서 부모님이 부끄럽게 여겨졌다. 우리 집보다 더 잘살거나 더 화목한 친구 집과 비교하다 보니 부족하지 않게 살고 있는데도 우리 집과 부모님이 한없이 초라하게만 느껴졌다. 그땐 "나는 크면 더 잘살 거야"라고 호언장담했지만 사회에 나와보니 내가 얼마나 어리석었는지 여실히 알 수 있었다. 간신히 취직해서 매달 월급을 받는 일은 생각보다 고된 일이었다. 몇 푼 되지 않는 월급은 월세와 생활비를 내고 나면 남는 게 없었는데 나와 비슷한 나이였던 부모님은 가정까지 꾸리면서 어떻게 그 세월을 지나온 걸까.

생각해보면 유년 시절에 배를 곯은 기억은 없다. 단지 월등히 잘 사는 친구들에게 박탈감을 느꼈을 뿐이다. 뭐든 할 수 있다는 생각조차 부모님의 지원 아래 나온 것이었다. 철들고 보니 물려받은 것이 꽤 많았다는 걸 깨달았다. 우리의 삶이 여기까지 무사히 이어지도록 물을 주고 거름을 주어 튼튼한 뿌리를 만들어준 존재들에게 우리는 무엇을 할 수 있을까.

1
자주 찾아가고, 자주 대화하자

애정은 연락의 빈도에 비례한다. 같이 살아도 말 한마디 나누지 않는 부모, 자식 사이가 있고, 지구 반대편에

떨어져 있어도 매일같이 영상통화를 해서 서로의 안부를 누구보다 잘 알고 있는 부모, 자식 사이가 있다. 부모님들은 자식의 연락과 방문을 늘 기다린다. 함께 식사하며 웃고 떠들던 과거의 단란했던 밥상머리가 그리운 까닭이다.

그러니 조금 더 대화를 시도하고 자주 찾아뵙도록 하자. 상황의 여의치 않으면 전화라도 자주 드리자. 부모님이 원하는 것은 자식이 얼마나 돈을 많이 벌고 얼마나 성공했는지가 아니다. 자식들이 그저 가까이 있고 자주 만났으면 하는 것이다.

2
내 인생을 잘 건사하자

부모님은 늘 자식 걱정이다. 밥 굶을까, 좋은 직장 구할까, 아프진 않을까. 그러니 내가 내 인생을 잘 건사하는 일은 부모님의 걱정을 크게 덜어주는 일이다. 평탄하게 잘 사는 모습을 보여주는 것이야말로 최고의 효도다. 성인이 되어 부모의 품에서 떠났으니 안부를 통해 건강한 모습, 사랑하는 사람, 행복한 소식을 전하면 된다. 여유가 된다면 기회가 될 때마다 소박한 선물을 드리거나 여행을 보내드리는 것도 더할 나위 없이 좋겠지만 반드시 그럴 필요는 없다. 돈을 들여 먼 나라를 여행하는 것보다 자식과 따뜻한 식사 한 끼 먹는 것을 부모님은 더 반길 것이다.

3
효도는 당장 시작하자

부모님의 시간은 야속하게도 자식의 시간과 교차하지 않는다. 언제까지 우리를 기다려주지 않는다는 말이다. 예상치 못한 때에 다가오는 이별은 온정신을 겁박할 정도로 무력감을 선사한다. '먹고사는 일이 바쁘니 나중에 여유 생길 때 효도해야지'라고 생각하겠지만 인생살이가 그리 마음먹은 대로 풀리지 않는다. 그러니 한시라도 빨리 시작해야 한다. 함께 있을 때 잘해드리자. 다음은 없다. 매순간 행복을 누려도 모자라다. 시간 있을 때마다 생전 모습을 동영상으로 남기는 것도 하나의 방법이다. 어떤 이유든 곁에 머무는 것. 자주 연락하고 지내는 것. 그 정도면 충분하다.

좋은 일 앞에서도
관계는 무너진다

대기업에 힘들게 취업하고 난 후 인간관계에 많은 변
화가 생겼다. 내가 달라졌기 때문이기도 하다. 그래서인
지 대부분 관계의 형태가 이전의 모습을 유지하지 못했
다. 내게 일어난 어떤 변화에도 불구하고 더욱 돈독해진
관계가 있는 반면 단단하다 믿었던 또 다른 관계는 모래
위에 쌓은 성처럼 맥없이 무너졌다. 취업은 좋은 일이었
지만 취업에 뒤따라온 다양한 변화는 무조건 좋다고만 할
수 없었다. 인간사 모든 것이 그런 듯하다. 일어나는 일은
좋고 나쁨의 가치를 매길 수 없다. 그것을 판단하는 것은
내 마음일 뿐이지만 그 마음이 흔들리지 않기 위해 어떻
게 대응하면 좋을지 정리해보았다.

1

당연한 것은 없다

취업 직후에는 많은 이들이 축하의 인사를 건넸다. 들뜬 기분이 쉽게 가라앉지 않았다. 마음에도 여유가 생겼는지 어떤 말도 거슬리지 않았다. 지인들이 당연하게 던지는 "한턱 내"라는 말도 기분 좋았다. 그런데 시간이 지날수록 이 '당연함'과 '편안함'을 스스럼없이 여기는 이들이 생겨났다. 내가 밥을 사도 고맙다는 말은커녕 "너는 그 정도는 벌잖아"라면서 뼈 있는 농담을 던졌다. 나도 몸을 갈아넣듯 일해서 번 돈인데, 무슨 자격으로 그런 말을 하는가? 타인의 기쁜 일을 빌미로 물질적인 우정을 강요하는 사람들은 가능한 한 피하자.

2

무례를 참지 말자

동창에게서 연락이 왔다. 어디서 소식을 들었는지 성의 없는 안부와 함께 돈을 빌려달라는 얘기부터 꺼냈다.

또 별로 친하지 않은 사람들이 늦은 밤에 연락해서 "어떻게 취업했어?"라고 대뜸 묻기도 했다. 몇 번 거절하거나 무시하고 나면 "너 많이 변했다"와 같은 비아냥이 돌아왔다. 내가 변한 것이 아니라 당신이 무례한 것 아닐까? 어느 쪽이든 관계가 달라진 것은 분명하고 그런 관계라면 걸러도 된다는 것이 내 생각이다.

3
달라진 환경을 인정하자

직장인이 되면 저마다 다른 환경에 놓이고 벌이도 달라진다. 취업해서 돈벌이에 나선 친구가 있는가 하면 학부생에서 대학원생으로 소속만 달라진 채 여전히 학업에 매진하는 친구도 있다. 중요한 건 이십대 중후반이 되면 서로의 처지가 같지 않다는 사실이다. 처지가 다른 친구들끼리는 전처럼 편하게 얘기를 나누기가 어렵다. 이럴 땐 너무 자주 만나 서로 스트레스를 받는 것보다 어느 정도 거리를 두는 편이 좋다. 정말 소중한 친구 사이라면 그 정도로 관계가 무너지지는 않을 것이다. 각자의 삶에 집중하는 시기일 뿐 친구 관계가 멀어진 것은 아니다. 달라진 환경을 서로 인정하고 존중하는 것, 관계를 오래 이어나갈 수 있는 비결이다.

4
여전히 내가 중심이다

학생에서 직장인이 되면 많은 것이 바뀐다. 인간관계가 재편되는 것이다. 정리되는 관계가 있는가 하면 새로 생겨나는 관계도 있다. 인간관계에 크게 영향을 받지 않는 사람이라 해도 단시간에 많은 변화가 있으면 심리적으로 복잡한 마음이 되는 것은 당연하다. 이때 마음가짐을 단단히 유지한 채 보낼 사람은 보내고, 곁에 남은 사람과 내 인생에 새로 들어온 사람과 잘 지내면 된다. 언제나 명심해야 할 것은 어떤 관계라 해도 상황이 맞지 않으면 언제든 끝날 수 있다는 것. 그러므로 순간순간에 최선을 다하면 된다.

5
흔들리지 않는 관계가 남는다

취업을 하고 한참이 지나자 많은 사람이 걸러지고 곁을 지키는 친구들이 몇 명 남았다. 여전히 철없이 놀 수 있는 사람들, 내가 조금 더 베풀어도 후회되지 않는 사람들, 받은 만큼 돌려주려 애쓰는 사람들과는 오랜 인연을 이어가고 있다. 그들을 보면서, 진정한 관계는 돈이나 기타 외부적인 요인에 흔들리지 않거나 잘 조정해 버틴다는 사실을 깨달았다. 친구라는 의미를 다시 생각하게 해준 내 소중한 친구들에게 늘 감사한 마음이다.

내가 잘 사는 것이
진짜 복수

중국의 사상가 노자가 한 말이라며 세간에 떠도는 이야기가 있다. "누가 너를 모욕하더라도 앙갚음하려 들지 마라. 네가 싫어하는 사람에게 복수하려고 전전긍긍하지 말고, 강가에 앉아 떨어지는 꽃잎을 보고 햇살을 맞으며 신선놀음하고 있으면, 알아서 적의 몰락 소식을 접할 수 있을 것이다."

틀린 말 하나 없는 이 구절에는 세상 이치가 들어 있다. 나에게 해를 끼친 사람에게 복수하는 방법과 상대가 끼친 해로움 때문에 황폐해진 내 인생을 복구하는 법. 복수에 감정과 시간을 낭비하지 말고 내 인생을 충실히 살아갈 것. 위 글에 함축된 의미를 풀어보면 다음과 같다.

1
미움은 고독을 낳는다

복수심은 누군가를 미워하는 감정의 일종이다. 그리고 누군가를 미워하는 감정은 그 힘이 강력해 미움의 주체에게 피해를 준다. 미운 상대에게 저주를 퍼부으며 '눈에는 눈, 이에는 이' 방식으로 똑같이 대하면 그 책임을 면할 수 없고, 또 다른 미움을 불러올 뿐이다. 물론 감정을 삭이고 괜찮은 척 살아가선 안 된다는 말도 맞다. 내 마음을 솔직하게 들여다보고 다른 방식으로 컨트롤할 줄 알아야 한다. 가슴속 응어리를 푸는 방법은 복수 말고도 여러 가지가 있다. 다만 단기적인 목적으로 자멸의 길을 걷지 말라는 말이다. 그것은 하수의 복수에 지나지 않는다.

자멸의 길로 가는 복수를 끝낸 사람의 마음엔 구멍이 생긴다. 원(怨)의 대상이 사라졌어도 폭탄의 불씨는 살아 있다. 눈은 넋 나간 사람처럼 초점이 없으나 눈동자 속에 시퍼런 칼날이 서려 있는 것처럼 말이다. 어떤 방식으로든 주변 사람에게 부정적 영향을 주면 고독해지기 마련이다. 혹은 복수의 대상과 똑같은 사람이 되어 스스로를 망치고 만다. '당한 만큼 되돌려주자'라는 일념이 삶을 지배한다면 종국에는 나락이다. 삶을 지탱하는 요소가 내가 아니라 타인을 향한 미움이기에 나의 내면은 갈수록 피폐해지고 스스로의 삶에 집중하기 어려워진다. 다시 말해 상대를 증오하는 마음은 곧 나 자신을 절벽으로 내몰거나 혹은 동굴 속에 가두는 일이다.

2
진정한 고수는 나에게 집중한다

그렇다면 진정한 고수의 복수는 무엇일까. 그것은 바로 내 인생을 한층 더 높은 수준으로 끌어올리는 것이다. 과거에 얽매이지 않고, 내 일신의 평안을 위해 인생을 설계하는 것이다. "어떻게 하면 더 행복하게 살 수 있을까"를 고민하자. 나를 고갈시키지 않는 삶의 이유를 살아가는 에너지원으로 삼아야 한다. 평상심을 유지해야만 좋은 감정을 발산할 수 있는 것과 마찬가지다. 과거야 어떻든 현재를 기점으로 가까운 미래까지 좋은 마음이 생겨나는 데 집중해야 한다. 그러한 과정에서 과거의 문제는 점차

잊히고 결국 인생은 내 앞에 해결책에 가까운 길을 제시할 것이다. "상황이 어떻든 나는 내 인생이 무엇보다 중요해. 나에겐 먹여살려야 할 내가 있어"라는 마음가짐을 연상하면 이해할 수 있을 것이다.

'울분 토해내기, 복수심을 동기부여로 치환, 내 인생에 집중'이라는 과정을 충실하게 이행했다면, 외부의 반응은 저절로 얻게 된다. 누가 봐도 내가 인정받을 만한 위치에 섰을 때 소문은 '친애하는 적'에게 알아서 퍼진다. 상대는 생각하면 생각할수록 배알이 꼴려 몸부림칠 것이다. 충혈된 눈으로 염탐하면서 초라한 본인 인생과 끊임없이 비교할 것이다. 그러다 불속에 뛰어든 불나방처럼 절망의 절벽 아래로 사라지고 말 것이다. 자기 발등을 자기가 찍은 셈이고 자기 인생을 자기가 망친 셈이다. 그때 우리는 강 건너 불구경하듯, 홍조 띤 얼굴로 이렇게 말하며 몰락하는 상대를 관망하면 된다. "인생사 새옹지마라고 세상일은 아무도 모르는구나."

3

내 미래를 향해 달려가라

변하지 않는 진리가 한 가지 있다. 남의 눈에 피눈물 흘리게 한 사람은 반드시 본인 눈에도 피눈물을 흘린다는 사실. 못된 인성으로 세상을 업신여긴 업보라 해야 하나. 태어난 김에 살다가 '담당 카운터'를 만나버린 걸까. 세상은 의외로 공정한 측면이 있다. 다만 피해자는 눈치 못 채는 선에서, 당사자 입장에서 최악인 벌을 받게 된다. 구태여 손에 때를 묻히지 않고서 내 인생의 향방만을 예측하면 된다.

유태인이자 정신과 의사인 빅터 프랭클은 『죽음의 수용소에서』라는 저서에서 이렇게 말한다. "자극과 반응 사이에는 공간이 있다. 그 공간에는 우리의 반응을 선택할 자유와 힘이 있다. 우리의 반응에 우리의 성장과 행복이 달려 있다." 그러니 이 글조차 마음에 담지 말고, 그저 미래를 향해 달려가는 데 집중하라.

아무것도 하고 싶지 않을 때는 가만히 있기를 추천한다. 모든 것이 결국 괜찮아질 것이다. 스스로를 평가대에 올리는 일도 하지 마라. 미래의 내 처지를 상상한다는 명목으로 현재의 기분까지 망쳐버릴지 모른다. 괜찮은 건지, 이렇게 살아도 되는 건지 생각하는 일은 그만하자. 엉망진창이었던 과거는 이미 지나가버렸다. 그러니 더 이상의 비난은 자기 비하로 이어질 뿐이다. 그러기에는 현재의 내가 너무 소중하지 않은가.

_____

Chapter
2

나만의
속도와
방향으로

무조건 잘되는
성공을 부르는 법

당신은 반드시 성공할 것이다

모두가 안 될 거라 단정짓더라도 결국에는 당신의 노력과 시간으로 성공의 의미를 증명하고 말 것이다. 누군가는 당신에게 존경을 표하고 누군가는 당신을 롤모델로 삼아 당신의 발자취를 따라갈 것이다. 지금 조금 힘들어도 성공하게 될 거란 사실을 믿어 의심치 말자. 결국에는 다 이루게 될 테니. 당신의 노력에 따라 훗날 당신이 어떤 값진 성과를 거머쥘지 기대되지 않는가.

2
불안해하지 말자

불안하다는 건 그만큼 일이 진척되고 있다는 증거다. 벌여놓은 일이 많아서 막중한 책임감을 느끼는 것이다. 불안의 정도가 크면 클수록 더 큰 결과값을 얻을 수 있다. 좋게 생각하라는 뜻이다. 그러니 금관의 무게를 견뎌내자. 반짝 빛나는 금관을 통해 사람들이 우러러볼 수 있도록 말이다. 고생한 만큼 다 잘될 것이다. 결국에는 지금보다 더 행복해질 것이다.

3
한계는 없다

대부분 당신의 편이 아니겠지만, 성공으로 만들어가는 노력과 끈기 앞에 시간은 굴복하고야 말 것이다. 성공을 가로막는 그 무언가, 현재 당신의 가장 큰 걸림돌을 당신의 편으로 만들자. 무엇이든 될 초석을 마련하는 것이다. 모든 것이 마음대로 될 수 있다는 뜻은 아니지만 '불가능이란 없다'라는 믿음을 얻을 수 있지 않은가. 시간이 걸리더라도 포기하지 않는 불굴의 투지로 무장하자. 순간마다 성장해나가는 삶을 건설하자.

4
누구나 실수할 수 있다

실수해도 괜찮다. 빠르게 인정하고 같은 실수를 반복하지 않도록 조치를 취하면 된다. 실수에서도 배울 점이 있으니 주눅 들 필요는 없다. 앞으로의 행보가 중요하다. 일에 최선이고 진심인 당신이라면 바보 같은 짓을 두 번은 하지 않을 것이다. 게다가 한 번의 실수를 반면교사로 삼아 나아간다면, 다른 의미에서 실력자가 될 수 있다. 타격을 입을수록 더욱 견고해지는, 빈틈 없는 사람으로 거듭나자. 그것이 당신의 미래다.

5
나의 위대함을 믿자

남이 나를 이유 없이 비난할 때, 사소한 것을 트집 잡아 헐뜯거나 근거도 없이 나쁜 소문을 만들 때가 있다. 열심히 살고 있을 뿐인데 이유 없이 고난을 겪는 시기라면 이렇게 생각하자. "나 잘 살고 있나 보다. 인생을 잘 설계해나가고 있나 보네." 좌절과 방황이 아니라 스스로를 뿌듯하게 여기는 감정에 취해보자. 호흡을 잠시 가다듬으며 앞으로 해야 할 일을 정리하고, 앞날을 내다보는 시간을 갖자. 나는 누구보다 위대한 사람이라는 주문을 걸고 스스로의 위대함을 믿자.

6
의심하지 마라

초심에 가까운 결의를 다시금 되새기자. 어떤 일을 꾸준히 공들여 해온 당신은 성공이 아닌 대성공을 거두게 될지 모른다. 당신은 더 큰 사람이 될 수 있다. 당신의 신념은 틀리지 않았다. 공들인 노력은 결코 배신하지 않는다. 자신을 믿어라. 의심은 실패의 경우의 수에만 따져라. 당신의 모든 삶을 응원한다.

인생을 바꾸는
습관을 키우는 법

백수 생활이 영원할 것 같던 때가 있었다. 나태와 무기력, 즉흥과 탕진은 그 시절 나를 설명하는 단어였다. 오후 늦게 일어나 쩌릿한 머리를 부여잡고 "또 하루 날렸네"라며 좌절하는 것은 기본. 뒤늦게 점심을 차려 먹고 카페에서 시간을 때우거나 친구를 만나 술을 마시는 것이 일상이었다. 날마다 같은 하루가 반복됐다. 이런 생활이 좋지 않다는 것을 어렴풋이 알고 있었지만 위기감까지는 느끼지 못했다. 해는 서서히 저무는 듯하지만 주변은 순식간에 어두워진다. 사방이 어둑어둑해지고 나서야 늦었다는 걸 자각한다.

이러한 이치를 잘 알고 있었는데도 나는 왜 시간을

허비했을까? 당시는 공들여 진행하던 프로젝트가 한번에 무너진 직후였다. 의욕이 크게 꺾여 아무것도 하고 싶지 않았다. 해야 할 일을 무작정 미루고 쉬고 싶기만 했다. 그래서 결과와 무관하게 휴식이라는 명분으로 스스로에게 보상을 주고 싶었다. 여기까진 좋았다. 그러나 '무기력—좌절—합리화' 루트에 휘말리는 건 한순간이었다. 첫 일주일은 "그동안 고생했으니 이렇게 놀 때도 있어야지." 하며 너그러운 마음이었지만, 막상 과한 자유 앞에 놓이니 무엇을 해야 할지 알 수 없어 난감했다. 세상으로 향하는 창문을 여는 용감함은 사라지고 습관적인 자기 비하와 세상 탓만 늘었다.

그러므로 적당히 쉬는 것도 중요하지만, 삶은 마라톤 같다는 사실 또한 잊지 말아야 한다. 장기적인 미래를 위해 속도를 줄일 줄도 알아야 하지만 땅바닥에 주저앉아버리면 안 된다. 편히 앉아 딴생각하는 순간 다시 일어서는 게 힘들어진다. 통상적인 속도를 유지하고 어느 정도 불편함 속에 있어야 한다. 머릿속을 비우는 것도 중요하지만, 해야 할 일을 완전히 놓지는 말자. 제대로 못 쉬는 것도 문제지만 무기력으로 이어지는 휴식만큼 위험한 건 없다고 본다. 열정에 지치는 것을 주의하되 아무것도 하고 싶지 않은 번아웃 상태에 빠지지 않도록 경각심을 가져야 한다. 상황이야 어찌 되었든, 복귀하는 방법에 대해 알아둘 필요가 있다. 당시 나의 상황처럼 복귀할 기반까지 모조리 파괴된 상태라면 더더욱 말이다. 바로 기본에서 시작해야 한다는 것. 절제와 자기통제를 통해 행동과 습관을 교정해나가야 한다는 것이다. 어떤 인생을 새로 펼쳐나가야 할지는 차치하고 여기서는 기본을 끌어올리는 방법을 설명하려 한다.

1
무기력 상태인지 파악하기

흔히 나태욕, 식욕, 수면욕, 성욕으로 불리는 것들이 있다. 이것들이야말로 무기력에 끊임없이 양분을 주는 요소다. 한밤중이라 해도 배가 고프면 무조건 배달 어플을 열어 야식을 배달시키고, 일어나기 힘들다는 핑계로 정오가 지나도록 잠을 자고, 몇 시간씩 게임을 하거나 휴대폰을 만지작거리는 등 일차원적이고 본능적인 욕구만을 충족시키며 하루를 흘려보낸다. "고통은 더 이상 겪을 필요 없어"라고 자신을 합리화하면서 뇌를 서서히 중독시킨다. 오랜 시간을 들여 힘들게 노력해야 얻을 수 있는 기쁨과 쾌락을 터부시하고 자기 합리화에 빠지는 것이다. 아무리 노력한들 헛고생이라며, 오늘 행복하면 그것으로 되었다 안주한다.

욕구에서 욕구로 거침없이 이어지는 삶. 자신이 이런 상태에 빠졌다는 사실을 냉정하게 파악하자. 변화는 자기 객관화에서 시작된다. 망하는 인생으로 흘러가는 생활에는 극약 처방이 필요하다. 그렇지 않으면 대체로 위기감을 느끼지 못한 채 절벽 아래로 추락하고 만다. 일차원적인 쾌락일수록 본능에 충실한 성질을 지녔기에, 욕구를 충족시키기도 쉽고 그 욕구를 해소하다 보면 나름의 루틴이 만들어져 빠져나오기가 어렵다. 가령 밤낮이 바뀌는 것도 그렇고 자극적인 배달 음식에 중독되는 것 또한 마찬가지다.

위기의식 갖기와 행동하기

일단 억지로라도 위기의식을 갖자. "젊은 놈이 왜 그러고 살아? 사지 멀쩡하고 정신 온전하면 뭐라도 해야 할 거 아니야. 뒤처졌다고 포기하면 더 뒤처지는 결과밖에 더 돼?"라고 스스로에게 말을 걸면서 달라져야 한다는 생각을 끊임없이 주입한다. 그다음으로는 행동한다. 생활 리듬을 리셋하는 것이다. 욕구에서 욕구로 이어지는 고리를 악이라 규정하고 단호하게 끊어낸다. 쾌락으로 짜인 루틴이 다른 일을 할 수 없을 정도로 공고할 테니, 지금껏 내가 해왔던 것을 '올스톱'하는 것이다. 그러고 나서 하루의 공백을 넓혀간다. 다른 일을 할 공간을 만든다고나 할까.

예를 들어 수면 습관을 생각해보자. 밤낮이 아예 바뀌었다면 하루 정도 잠을 자지 않고 저녁 시간까지 버티다가 잠자리에 드는 다소 극단적인 방법도 있다. 이후에는 새벽까지 휴대폰을 보거나 괜히 딴짓을 하거나 야식을 먹는 등 밤잠을 방해하는 행동을 일절 끊고 수면 패턴을 정착시키기 위해 노력해야 한다.

3

운동하기

"무슨 일부터 해야 할지 잘 모르겠는데요?"라는 사람이 있다. 그런 사람에게는 운동을 추천한다. 대가를 치르고 보상을 받는 경험이 전무한 상태라면, 운동만큼 적은 대가로 효율 있는 보상을 얻을 수 있는 것은 없다. 아울러 운동은 세상살이의 축소판이나 마찬가지다. 건강을 회복하고 근육을 발달시키고, 일희일비에 연연하지 않은 채 반복하는 과정에서 끈기를 배우게 된다는 뜻이다. 게다가 몸은 거짓말을 결코 하지 않는다고 하지 않나. 세상의 어떤 일보다 적은 변수에 의해 솔직한 결과를 얻을 수 있으니 자신감도 회복할 수 있다. 서서히 스스로가 변해가는 과정을 눈으로 담아라. 다음과 같은 지혜를 머릿속에 새겨 인생의 교훈으로 삼아라. 첫째, 어떤 행동을 습관으로 굳히기 위해선 꾸준히 자신에게 채찍질을 가해야 한다. 둘째, 고통이 없는 행동은 무의미하다. 셋째, 희생 없이는 아무것도 이룰 수 없다. 넷째, 내 삶은 오직 나만이 바꿀 수 있다.

4
하고 싶은 일 찾기

위의 방법으로 재정립한 마음가짐을 바탕으로 진정으로 하고 싶은 일을 찾는다. 비로소 경제적인 일, 자아실현에 직결되는 일을 말이다. 하루의 공백을 채우는 일에 성공했다면, 앞으로 인생의 공백을 채우는 일도 성공할 수 있다. 여러 갈래의 길이 있겠지만 어떤 일이든 그 일을 찾아 나서고 어떻게 걸어가야 할지는 당신의 선택이다. 무기력의 루틴에서 헤어났다면 당신은 어떤 일이든 포기하지 않는 마음가짐을 마련한 것이다. 과거의 내 모습에 얽매이지 말고 내가 꿈꾸던 나의 모습을 하나씩 실현해가라.

나를 책임지는
나이를 받아들이는 법

아파도 돈 벌러 가야 한다

크게 다치거나 앓아누울 정도가 아니라면 대부분 몸이 좀 좋지 않거나 컨디션이 나빠도 일터에 나간다. 사실 이런 때에 직장에 나가는 이유는 대부분 관계적인 측면 때문이다. 같이 일하는 동료들에게 폐를 끼칠 수 없기 때문에, 상사의 눈치가 보이기 때문에 다들 꾹 참고 출근길에 오른다. 또한 업무에 대한 책임감도 우리를 마음 편히 아프지 못하게 한다. 일을 미룬다고 한들 내일의 내가 그 일을 떠맡기 때문이다. 차라리 먼저 고생하는 편이 현명하다.

2

내가 가장임을 안다

과거에는 한 가정의 가장이 어른 남성으로 한정되는 경우가 많았지만 요즘은 부부 모두 일하는 집이 훨씬 많고 1인 가구처럼 자신이 구성원인 가정을 꾸려야 하는 경우도 늘었다. 크게는 나를 낳고 키워준 부모로부터 독립해서 스스로의 인생을 책임지는 것, 사소하게는 의식주를 비롯해 집 안에서 벌어지는 크고작은 문제들을 스스로 해결하는 것, 심리적으로는 내 매일의 기분을 내가 온전히 소화하는 것, 이것이 가장이라는 말에 담긴 의미일 터다. 그런 점에서 든든하고 책임감 넘치는 가장이 되었을 때 비로소 어른이라 할 수 있지 않을까.

3

단조로운 일상을 견딘다

어른이 되면 일터에서의 역할과 온전히 '나'로서의 역할을 구분하기가 쉽지 않다. 회사에서는 맡은 일에 과도한 책임의식을 부여한다. 그래서 일에 열정을 쏟아붓지만 퇴근하고 나면 모든 진이 빠지고 만다. 과한 업무에 허우적대다 방전되는 것. 쉬고 싶지만 놀고 싶지는 않다. 책임감을 미덕과 동시에 의무처럼 여긴다. 앞날은 캄캄하고 열의가 사라진다. 사는 게 사는 것이 아닌 기분. 즐겁지 않다. 내일이 기대되지 않는다. 일개미처럼 반복된 인생을 살아갈 테니까 나이를 먹을수록 시간은 더 빨리 흘러가는 듯하고 출근했을 때만 더디게 흘러가는 듯하다. 이 지루한 일상을 견디는 것 또한 어른의 몫이리라.

4

하루하루 최선을 다한다

아등바등 최선을 다해 살아도 결과가 최악일 때가 있다. 상사에게 싫은 소리를 들어도 참을 인 자를 새기며 웃어넘겨야 하고, 뭐든 최선을 다해도 일이 잘 풀리지 않을 때가 있다. '열심히'와 '성공'은 별개다. 그래도 오늘 하루 살아냈다면 그것으로 되었다. 회사는 나를 결코 책임져주지 않을 테니 돈 받은 만큼만 일하자. 내가 필요치 않다 여겨지면 언제든 내치는 것이 회사라는 조직의 생태다. 목숨 건 듯 일하는 상사들도 퇴근 후에는 동네 사람, 이웃, 누군가의 형이나 언니, 동생일 뿐이다. 그러니 괜시리 예민해지지 말고 맡은 일과 맡은 역할에만 충실하면서 하루하루 최선을 다하자.

5
어릴 때를 그리워한다

돈을 직접 벌면 자유로울 줄 알았는데, 알고 보니 부모님 품 안에 있을 때가 가장 자유로웠다. 시간은 왜 이렇게 빠르게 흘러가는지. 이러다 시간과 함께 나라는 존재도 유유히 사라지는 걸까. 나이를 먹을수록 상념만 깊어진다. 예전에는 하고 싶은 일도, 해보고 싶은 것도, 떠나고 싶은 곳도 많았는데, 직장인이 되고 나니 이것저것 하고 싶은 의욕이 전혀 생기지 않는다. 물론 모든 것을 버리고 떠날 수 있을 만큼 상황이 여의치도 않다. 그러고 보면 어릴 때만큼 자유로운 시기는 없었다.

6

부모님을 존경하게 된다

겪어보니 알겠더라. 부모님이 퇴근하고 치킨을 사온 날은 무척 고된 날이었다는 사실을. 그분들은 아무리 힘들어도 부모라는 버팀목을 지켜내기 위해 힘들지 않는 척 연기해야 했던 것이다. 세상을 견뎌내는 역할은 물론 행복한 모습까지 보여주려 한 그들의 업적이 얼마나 위대한가. 나 혼자 먹고사는 일만으로 허덕이는 나는 절반도 이해할 수 없겠지만 말이다. 끝없이 이어지는 그들의 발자취를 더듬어 걸으며 "나는 저렇게 못 하겠구나." 탄식할 따름이다.

인생의 무거운
공허를 견디는 법

아무것도 하고 싶지 않을 때는 가만히 있기를 추천한다. 모든 것이 결국 괜찮아질 것이다. 스스로를 평가대에 올리는 일도 하지 마라. 미래의 내 처지를 상상한다는 명목으로 현재의 기분까지 망쳐버릴지 모른다. 괜찮은 건지, 이렇게 살아도 되는 건지 생각하는 일은 그만하자. 엉망진창이었던 과거는 이미 지나가버렸다. 그러니 더 이상의 비난은 자기 비하로 이어질 뿐이다. 그러기에는 현재의 내가 너무 소중하지 않은가.

스스로를 지켜야 한다는 책임으로부터 가끔은 벗어나보자. 현 상황을 인정하면 기분의 밑바닥에서 자유를 느낄 수 있을 것이다. 그리고 한결 가벼워진 몸과 마음으로 돌파구를 찾고자 할 것이다. 처한 현실의 유일한 선택이자 해결책이라 할 수 있다.

아울러 스스로의 존재 가치를 높이는 것에 대해 생각해보자. 이때 '높이다'라는 말은 떼고 스스로의 존재 가치에 대해서만 먼저 생각해보자. 당신은 무엇을 위해 존재하는가? 머리를 부여잡은 채 생각해보아도 알 수 없을 것이다. 애초부터 틀린 질문 구조에서 옳은 답이 나올 수 없기 때문이다. "나는 무엇을 위해 존재하는가?", "나는 존재할 가치가 있는 사람인가?" 만족스러운 답이 내지 못했다면 새롭게 질의하거나 관점을 달리 보는 것만이 정답이다. 이를테면 "무엇을 위해 사는 게 아니라 단지 살아가기 위해 살아갈 뿐이다"라는 식으로.

이렇게 아무 근거 없이 존재 자체를 높이길 바란다. 그러면 마음이 가벼워진 상태로 기분이고 자존감이고 활력이고 저절로 떠오르도록 이끌 수 있을 것이다. 무엇이 되었든 얻게 될 결과는 바람직하다 볼 수 있다.

스스로를 어떤 이유도 필요 없이 있는 그대로 소중한 사람이라 여기길 바란다. 존재 자체로 존귀하다고 여겨

라. 어떤 일에 좌절하더라도, 인생의 쓴맛을 보더라도 그 존귀함은 변하지 않는다 생각하라. 무너져도 언제든 다시 시작할 수 있다는, 생동감에서 생동감으로 이어지는 인생을 살아가라. 마인드의 재설정은 때로 인생의 마인드맵을 변화시킨다.

물론 우리는 무언가를 의식함으로써 무엇을 위해 살아야 할지, 나아가 나 자신이 무엇을 원하는지 끊임없이 생각한다. 이때 튼튼한 자아를 바탕으로 "애초에 내가 무얼 위해 존재하는 거라면, 그 무엇이 사라졌을 때 '나'라고 하는 것은 영영 사라져야 하겠지만 그건 맞지 않다"라고 여기며 건실한 자아관을 구축하는 것이 필요하다. 여러 경험을 통해 무엇이든 틀렸다 잘못되었다 끊임없이 나누고 판단하지만, 당신은 삶은 틀리지 않았다. 우리 삶은 누구라도 함부로 판단할 수 없다.

비참한 환경 속에서도
매일매일 행복해지는 법

급여가 들어왔다. 많지 않은 금액에서 집세, 휴대폰비, 보험비 등 나갈 것들을 생각하니 마음 한구석이 허탈해졌다. 저축과 투자 명목의 돈까지 나가고 나면 정말 한 푼도 남지 않을 듯해 "이게 행복이 맞나?" 하는 생각마저 들었다. 친구 누구는 일하지 않는데도 벌써 집을 가졌다는데 나는 왜 이렇게 허덕이며 사는지 생각하면 맥이 빠지기도 했다. 자본주의 세상에서 우리는 어떤 가치와 기준을 견지해야 온전한 행복을 실현할 수 있는 걸까.

내가 진정으로 원하는 것은 경제적 자유다. 미래를 찬란한 현재로 바꾸고 싶기 때문인데 이러한 기준을 굳게 지키려면 '내가 선택한 길이니 악으로, 깡으로 버티겠다'

라는 태도가 필요하다. 아무것도 물려받은 게 없고 가진 거라곤 몸뚱이 하나뿐이라면 더더욱 노력과 인내로 기반을 다져야 한다.

하지만 피땀 흘려 공들인 대가가 형편없을지라도 불평해서는 안 된다. 소위 '망한 인생'의 대가를 본인이 져야 하는 것이다. 시간은 그저 흘러가는 것. 우리는 흘러가는 시간 속에 오로지 개인의 희망을 담았을 뿐이다. 시간은 어떠한 책임도 지지 않는다. 그렇게 살아야 한다고 강요한 적도 없다. '이게 행복이 맞나?' 하고 고민하는 이유도 삶의 기준과 희망이 없어서가 아니라 올곧은 상태를 유지하는 것이 힘에 부치기 때문이다. 급여가 들어오자마자 순식간에 사라지듯 말이다. 보릿고개 넘기듯 매순간이 허탈감으로 고비처럼 느껴질 때가 있다. 미래의 불확실성에 의존하다 보니 현재는 고통스러울 수밖에 없는 것.

그렇다면 어떻게 하면 좋을까? 고지식하게 한 가지 선택만을 고수하는 것이 아니라 조정을 통해 효율적인 삶을 살 수 있다면 좋겠다. 최종 목표인 경제적 자유에 영향을 미치지 않으면서, 현재의 행복도 느낄 수 있는 방법, 큰 지출 없이 지금 당장 행복할 방법에 대해 생각해본다.

나의 이런 고민에 친구가 명쾌한 답을 내려주었다. "너는 인생을 무슨 재미로 살아?"라고 내가 묻자 "인생의 재미는 그만 생각해. 그냥 즐겨. 맛있는 음식 먹고, 멋진 곳 다니고, 좋은 사람들 만나며 사는 거지." 친구의 대답이 나에게 큰 깨우침을 주었다. "그래, 꼭 돈을 써야만 행복한 게 아니지. 소소하게 누릴 수 있어. 이를테면 퇴근 후 가족과 밥을 먹으며 대화를 나누는 것, 강아지와 함께 산책하는 것, 날씨가 좋다는 핑계로 친구에게 전화를 거는 것처럼 말이야."

행복감은 행동할 때 뒤따른다. 허탈함을 느끼는 이유도 무엇인가를 누리지 못했다는 억눌린 욕망 때문이다. 높은 기대치가 채워지지 못한 채 욕구불만으로 이어지니 불행의 형상을 띄는 것이라 볼 수 있다. 그렇다면 경제적 자유를 위한 방향은 잃지 않되 현재의 수준을 인정하는 마음가짐을 가지면 어떨까? 그러면 내게 맞는 행복의 형상을 만들 수 있을 것이다.

그래서 내가 내린 결론은 다음과 같다. 효율 있는 합리화. 적당히 행복과 타협하는 것. 이에 대해 구체적으로 설명하면 다음과 같다. 첫째, "큰돈 들여 여행을 가지 않더라도 노래를 들으며 산책이라도 다녀와야지"라면서 지금 누릴 수 있는 작은 행복을 찾는 것. 둘째, "밤공기 냄새가 은은하니 좋다. 오늘은 창문 열고 자야지. 푸근한 향에 취해 행복한 꿈을 꿀 거야"라고 하는 것처럼 주어지는 행복을 더 농밀하게 음미하는 것. 셋째, "나중의 행복을 위해 지금 좀 힘들어도 괜찮아"라고 생각하며 현실에 집중하는 것.

선순환을 통해 행복과 삶의 질 모두를 높인다 생각하자. 지금은 다소 비참한 환경이라 할지라도 나의 시각을 행복에 맞게 교정해나가고 자기만족과 긍정적인 합리화가 조화를 이룬다면, 목적을 성취해가는 과정마저 만족스러울지 모른다. 사회라고 하는 거대한 인프라 속에서 나라는 존재가 그저 컨텐츠 하나에 지나지 않더라도 말이다. 그 구조에 순응하되 융통성을 가진다면 결과는 달라질지 모른다.

직장생활에서
자존감을 지키는 법

1
돈 받은 만큼 굴러야 한다는 사실을 인정할 것

아침 7시 30분까지 출근하려면 최소한 5시 30분에는
일어나야 한다. 그렇게 출근한 후 일을 마치고 다행히 정
시에 퇴근한다 해도 집에 도착하면 저녁 7시. 누릴 수 있
는 저녁 시간은 고작 세 시간이고 종일 업무에 시달려 기
운이 다 빠진 탓에 자기계발은 엄두조차 내기 힘들다. 그
렇게 정신없이 살아가다 보면 남은 것 없이 어느 순간 체
력이 바닥나 몸져눕기 쉽다. 회사가 직원에게 월급을 주
는 이유가 무엇이겠는가. 회사라는 조직은 최대 이윤을

목적으로 한다. 그러므로 직장인이라면 그 사실을 받아들여야 한다. 물론 소모품 취급을 받아서는 안 되지만 너무 힘들게 몸 바쳐 일하지는 말아야 한다. 아무도 알아주지 않는다.

2
돈을 번다는 사실을 자각할 것

돈을 버는 일은 자신에게 들어가는 모든 지출을 충당하는 일이기에 의미가 있다. 일을 하면 업무 환경이 혹독한 것과 별개로 인간적인 생활을 영위할 수 있다. 최소한 돈 때문에 걱정할 일은 없으니 말이다. 취준생 시절과 비교하면 분명 의미 있는 삶을 살고 있다. 아울러 지금 하는 일이 자신의 중장기적 미래와 맞닿아 있는 경우라면 더더욱 그렇다. 커리어를 쌓겠다거나 얼마간의 돈을 모으겠다는 등의 목표가 있다면 그것이 동력이 된다. 피로에 찌들더라도, 인성이 개차반인 상사 때문에 힘들더라도 성취감을 느낄 수 있다. 희망이 있으니 힘들어도 놓기 싫고 조금 더 버텨보고 싶어진다.

3

하루하루 버텨낼 것

업무 환경이 아무리 고되어도 함께하는 사람들이 억척같이 버티면 나도 할 수 있겠다는 이상한 오기가 생긴다. 일하는 그 순간만큼은 어떤 감정도 들지 않는 것이 사실이다. 감정에 젖을 새가 없다. 정해진 기한 안에 자료를 넘겨주고 피드백에 온 신경을 곤두세워야 하기 때문이다. 출퇴근할 때면 멍한 표정으로 생각한다. "나 잘 살고 있는 거 맞나?" 그렇지만 인생이 어떻게 행복만 있겠나. 직장인의 인생은 불행이 기본값이다. 그러려니 하고 하루하루 살아내면 그만인 것이다.

4

규칙적인 일상 유지와 자기 관리에 신경 쓸 것

제시간에 잠을 자고 일어나 생체리듬을 유지해야 한다. 아침에는 멍한 정신을 깨우기 위해 커피를 한 잔 마셔도 좋다. 점심은 든든히 먹고 급한 일이 아니라면 남은 시간은 쉬어야 오후에 하는 일의 능률이 오른다. 주말이라고 몸을 혹사할 정도로 놀면 안 된다. 금요일 저녁과 토요일 정도는 놀아도 괜찮지만 일요일에는 쉬는 데 초점을 맞춰야 한다. 효율적인 시간 안배가 중요하다. 회사라는 곳은 아무리 환경이 좋아도 마냥 편하지만은 않다. 그러므로 오래 일하려면 감정을 다스리며 기계처럼 일하고 기계처럼 쉬는 자세가 필요하다.

5
언젠가 번아웃은 온다는 사실을 잊지 말 것

"내가 뭐 때문에 아등바등 사나", "경력을 계속 쌓을 수 있을까?" 직장을 다니다 보면 미래의 불확실성과 반복되는 삶에 지치는 순간을 맞닥뜨린다. 스스로의 가치를 낮추고 이유 모를 권태와 불안감에 사로잡히는 것이다. 이럴 땐 업무에 집중하기 어려울 뿐만 아니라 회사를 출퇴근하는 일 자체가 힘겨울 수 있다. 이것이 바로 번아웃이다. 오랫동안 쌓인 피로 때문에 번아웃을 극복하기란 쉽지 않다. 많은 직장인이 이때 퇴사를 결정한다. 그러나 효율적인 삶을 계획할 수 있다면, 경제적으로 기반이 쌓였을 때 퇴사했으면 좋겠다. 말하자면 프리랜서로 살아도 될 정도의 여유라고나 할까. 인생의 2막, 하고 싶은 일과 할 수 있는 일이 일치할 때까지 몸과 마음이 버텨주기만을 바랄 뿐이다. 그러한 마음에서 없던 힘이 샘솟는 사람도 있다.

6
이런 자신의 삶에 자부심을 가질 것

공부가 힘들면 잠시 쉬면 되고, 사랑이 힘들면 헤어지면 된다. 그리고 꿈이 버거우면 다른 길을 찾아 떠나면 된다. 하지만 먹고사는 일은 놓을 수가 없다. 끝끝내 방법을 찾아서 버티고 살아남아야 한다. 원치 않는 일도 마다하지 않는 태도가 필요하다. 싫은 사람도 웃으면서 대해야 할 정도로 늘 좋은 사람이어야 한다. 이런 맥락에서 먹고사는 일이야말로 '존버'의 정석이라 할 수 있다. 그러니까 강한 사람이 승자가 아니라 오래 버텨 살아남는 사람이 승자다. 먹고사는 일에 목숨을 거는 건 인간의 본능이다. 생존을 위해 돈을 좇는 것을 이상하게 생각할 것 없다. 히어로가 별거 있나. 내 한 몸 잘 건사하는 사람이 히어로다. 지금 이 삶이 마치 기계 같고 의미 없어 보일지라도 말이다. 시간이 흘러 과거를 되돌아보았을 때 내 삶의 모든 과정은 치열하게 살았다는 증거가 될 것이다. 자부심을 갖자.

독서로 나 자신을
키우는 법

책을 읽어야 한다는 말은 많이 듣지만 왜 읽어야 하는지 제대로 들은 기억은 없다. 어린 시절 무조건 책을 읽으라 하면 괜히 반발심이 생겨 더 읽기 싫었다. 특히나 별로 좋아하지 않는 사람이 조언이랍시고 독서의 중요성을 설명하면 잘난 척하는 듯 느껴져 더 반대 노선을 고집하곤 했다. 그러나 그 결과는 결국 내 손해였다. 학생 때만큼 독서에 빠져 있기 좋은 시기는 없는데 그 세월을 허투루 보낸 탓에 이십대 중반까지 내면을 단단히 하기 위해 남들보다 더 애써야 했다. 취업 준비하랴, 자기 관리하랴 스물네 시간이 모자란 상황에서 책 읽기까지 신경 써야 했던 것이다. 타인의 조언을 듣고 넘겨버린 대가였다.

대체로 책과 담쌓은 이들은 나름의 핑계가 있다. 그때 그 상황만 놓고 보면 일리 있는 주장 같기도 하다. 하지만 자기 인생의 결정권자로 어떤 선택을 했으면 그 대가를 감당해야 한다. 책을 읽지 않으면 자신이 겪은 세계가 전부라 여긴 채 살아갈지 모른다. 어떤 분야가 되었든 책을 읽으면 인생에 도움이 된다. 그런 의미에서 책을 읽으면 좋은 실용적인 측면을 알려주려 한다. 어떤 목적으로 읽어야 하는지, 책을 읽을 때 어떤 효과를 누릴 수 있는지 설명해보겠다.

1
경쟁력을 강화할 수 있다

어떤 사안을 앞에 두고 이것이 소위 똥인지 된장인지 알 수 없을 때가 있다. 그럴 때 독서는 그것을 굳이 찍어 먹어보지 않고도 알 수 있게 해준다. 다시 말해 뼈아픈 일을 겪지 않더라도 간접 경험을 제공하는 셈이다. 예컨대 『데일 카네기 인간관계론』에서 카네기는 이렇게 말한다. "다른 사람은 당신이 원하는 것에 관심이 없다. 세상 사람 모두 자기가 원하는 것에만 관심을 가지고 있다. 따라서 다른 사람을 움직일 수 있는 유일한 방법은 그들이 원하는 것에 관해 이야기하고, 그것을 어떻게 하면 얻을 수 있는지 보여주는 것이다." 이 문장은 우리에게 '주는 만큼 돌려받지 못한 서운함', '이기적으로 행동하는 상대에 대한 억하심정' 등을 품지 않게 해준다. 사람이 원래 그렇다는 깨달음에 도달할 수 있게 한다. 그래서 남들이 출혈을 감수하며 심적으로 방황할 때, 나는 올바른 처세와 효율적인 에너지 운용으로 자기 관리에 집중할 수 있다. 관계에 대한 대략적인 이해를 마쳤기 때문에, 스펙이나 행복 쌓기에 집중할 수 있는 것이다.

2
입체적인 사고를 돕는다

입체적인 사고는 책에서 습득한 내용을 개인 주관으로 정립하는 과정을 거쳤을 때 자연스레 배우는 능력이라 할 수 있다. 여러 분야의 다양한 책을 읽으면 어느 주제라도 서론, 본론, 결론이라는 흐름에 맞춰 자신만의 의견을 도출해낼 수 있다.

아프가니스탄 난민 문제를 예로 들어보자. 아프가니스탄 국민이 무작정 국외로 떠나는 것을 두고 일각에선 이런 말을 쏟아낸다. "나라 지킬 생각은 하지 않고 도망치기만 해서 어떡하냐. 그러니 망하지." 반면 입체적으로 사고하는 이들은 말을 아끼며 이렇게 생각한다. "총칼 앞에 서라면 나약한 개인은 도망칠 수도 있다. 설령 불의에 맞서는 것만이 해답이라 할지라도 당사자가 알아서 할 일이다. 물론 표현의 자유는 존중받아야 하니 아무렇게나 말하는 이들을 나무랄 순 없다. 하지만 그 자유로 인해 타인이 상처 입는 건 옳지 않다." 이들은 신중하게 타인의 의견을 받아들이되 한쪽의 의견을 맹목적으로 따르지 않는다. 자신의 삶에서 벌어지는 여러 사건들도 다각도로 살펴보고 조심스럽게 접근한다. 그러므로 균형 잡힌 사고를 통해 인생을 잘 설계한다. 그러면 진정으로 원하는 결과값과 성취감을 느낄 수 있다.

걷는 운동을 하며
마음을 새롭게 다잡는 법

걷는 운동을 시작했다. 평상시 걸음 수가 현저히 줄었기 때문이다. 신간을 준비하면서 집필에 몰두하느라 두문불출했더니 다리근육이 좀 빠졌는데 살이 왜 이렇게 빠졌냐는 질문도 많이 받았다.

작업을 마친 새벽, 내 안의 목소리가 물었다. "신간 작업으로 바쁘다는 것, 헬스장 갈 여건이 안 된다는 것 다 핑계 아닌가? 실은 운동하는 게 귀찮아서이지 않나." 사실이다. 홈트레이닝이라도 짬짬이 하는 식으로 작은 목표부터 실천하면 된다. 결국에 내 마음가짐이 문제였다.

1

생각을 멈추고 일단 하자

일단 시작하자. 거창하지 않아도 좋으니 핑계 대지 말고 뭐든 해보면서 생각하자. 어떤 운동을 할지 고민하느라 머뭇거리지 말고, 정해둔 시간이 되면 무조건 집을 나서자. 가령 아침 7시에 아무 생각하지 않고 신발을 신고 나가 뒷산에 올라보는 것. 나는 매일 7킬로미터씩 걷고 뛰기를 반복했다. 처음에는 자세도 어설프고 운동 효과도 없는 것 같았지만 꾸준히 계속하니 요령도 생기고 체력도 점차 좋아졌다. 그렇게 습관으로 만들고 나니 운동이 힘들지 않았다.

2

마음을 지금 여기에 두자

인생도, 일도, 사랑도 마찬가지다. 마음이 현재에 있어야 행복하다. 그래야 실천하는 과정에서 최고의 효율을 추구할 수 있다. 마음이 과거에 있으면 '인생을 왜 허비했을까?' 하는 회한이 깊어지고 푸념만 늘어난다. 마음이 미래에 있으면 희망이 보이지 않아 현실도피만 할 뿐이다. 죽이 되든 밥이 되든 일단 '하는' 과정 속에 있어야 한다. 후회가 아니라 지금보다 더 나은 삶을 위해서 하라. 두려움이 아니라 "어제 걷지 않았으니 오늘은 뛰어야 한다"라는 마음가짐으로 해라. 막막함이 아니라 "그대가 헛되이 보낸 오늘은 어제 죽은 이가 그토록 살고 싶어 했던 내일이다"라는 랄프 왈도 에머슨의 말을 새기며 그냥 하자.

3
감정은 사라지고 결과만 남는다

마음먹기는 누구나 가능하지만 결과를 거머쥐는 이는 드물다. 걷기 운동도 마찬가지다. 어제는 날씨가 추우니까 쉬고, 오늘은 몸이 피곤하니까 쉬는 식으로 사소한 일들을 신경 쓰기 시작하면 원하는 결과를 절대 얻을 수 없다. 그럴 땐 매번 새롭게 다짐하면서 억지로라도 이어가야 한다.

무슨 일을 하든 그저 '하는 것'에 집중해야 한다. "조금만 버티면 좋은 결과가 있을 거야"라고 희망찬 에너지도 부여하지 마라. 감정과 결과는 분리해야 한다. 기대한 것에 비해 초라한 결과를 볼 수도 있다는 걱정을 할 바에야 아무 생각 없이 하는 편이 낫다. 감정은 실제보다 과장되고 결과는 노력을 압축하니 당연한 선택이다. 하기 싫어도 하고, 뭐가 됐든 그냥 하자. 그저 '롱런' 하기 위해.

4

혼자 걷다 보면 생각이 바뀐다

일하다 보면 괜히 울컥할 때가 있다. 되는 일도 없고 일이 꼬이고 꼬여 하루를 망친 듯한 기분. 꼭 누군가와 싸워서 화가 나는 게 아니라 나 스스로에게 못마땅한 상태 말이다. 누가 마음을 툭 치기라도 하면 분노나 슬픔 같은 부정적인 감정이 와르르 쏟아질 것 같을 때 나는 아무 말 없이 걷는다. 운동이라 생각하기보다 감정 근육을 풀어준다는 느낌으로 팔을 크게 휘두르며 씩씩하게 걷는다. 좋아하는 노래를 들으며 고개를 세우고 주변 풍경을 보며 적당히 몸을 움직이다 보면 감정에 쓸 여력이 없어진다.

그러다 보면 "언제 이렇게 멀리 왔지?"라는 생각이 퍼뜩 들어 돌아갈 채비를 서두르기 마련이다.

5
분노라는 감정을 다스리자

화났을 때 걷기만큼 좋은 방법은 없다. 걸어간 만큼 되돌아오면서 화난 이유를 다르게 생각해볼 수 있다. 그러다 보면 '내가 좀 예민했네'하는 생각과 동시에 화가 날 수밖에 없었던 점을 묵묵히 들어줄 귀가 열린다. 그러면 더 나은 방향으로 생각을 집중할 수 있다. 하버드대학의 뇌과학자 질 볼트 테일러는 『나는 내가 죽었다고 생각했습니다』라는 저서에서 "분노라는 감정은 자동으로 유발되도록 설계된 반응이다. 어떤 계기로 인해 뇌가 분비한 화학 물질이 몸에 차오르고, 우리는 생리적 반응을 겪게 된다. 최초의 자극이 있고 90초 안에 분노를 구성하는 화학 성분이 혈류에서 완전히 빠져나가면, 우리의 자동 반응은 끝이 난다. 그런데 90초가 지났는데도 여전히 화가 나 있다면, 그것은 그 회로가 계속해서 돌도록 스스로 의식적으로 선택했기 때문이다"라고 말한다. 화나는 건 생리적인 현상일지 모르지만 그 화를 지속시켜 후회될 행동을 저지르는 것은 나의 선택이다. 이럴 땐 마음의 중심을 찾아가려 노력하는 동시에 화를 중화시킬 방법도 찾아야 한다. 걷기가 그 작업을 도와줄 것이다.

6
어떤 일을 하기 전에 체력을 먼저 길러라

체력은 모든 버팀의 기본값이다. 부정적인 상태에서 헤어나오지 못하는 이유는 체력이 뒷받침되지 않아 몸에서 더 많은 휴식을 원하기 때문이다. 어떤 일을 꾸준히 진행하고 그 일을 하는 과정에서 행복을 느끼려면 탄탄한 체력이 뒷받침돼야 한다. 나 역시 매일의 걷기 운동이 삶 전반에 영향을 주었다. 남을 미워하거나 스스로를 탓하는 마음이 줄고 진행하는 일에 더 집중하게 되었다.

물론 몸 상태에 맞지 않은 과도한 운동은 피곤을 가중한다. 운동 초기에도 마찬가지다. 처음에는 체력이 완전히 바닥이라 조금만 움직여도 피로가 쌓인다. 그럴 때 쉽게 포기해선 안 된다. 잘 쉬고 잘 먹으면서 규칙적으로 운동하는 습관을 들이면 체력이 점점 좋아질 것이다. 어떻게 변화가 하루아침에 이뤄지겠나. 몸은 거짓말을 하지 않는다. 목표를 이루기 위해 인내심을 기르자.

하루 사이클을 유지하는 데 한몫하는 것, 감정적인 행동에 뒤따르는 후회를 하지 않도록 돕는 것, 마음이 차분히 가라앉은 상태에서 쉽게 잠을 청할 수 있게 하는 것 등 걷기 운동으로 얻은 점이 많다. 삶의 균형이 잡혀 오로지 걸어가야 할 인생에 집중하게 된 것이다. 꾸준히 해냈다는 성취감과 포기하지 않는 나 자신에게 느끼는 자부심은 덤이다. 그러니 지금 당장 시작하자. 절대 늦지 않았다. 시작했을 때가 가장 빠르다.

트라우마를 인식하고
받아들이는 법

　드라마 〈괜찮아 사랑이야〉에서 남녀 주인공이 이런 대화를 나눈다. "이 낙타 그림이 뭔지 알아? 사막의 유목민들은 밤에 낙타를 나무에 묶어둬. 그리고 아침에 끈을 풀어주는데도 낙타는 도망가지 않아. 나무에 끈이 묶인 밤을 기억하거든. 우리가 지난 상처들을 기억하듯 과거의 상처가 트라우마가 되어 우리의 발목을 잡는다는 얘기야." 유년 시절에 생긴 트라우마를 치유하지 못한 채 성장한 두 어른이 어두운 기억을 공유하는 장면이다.

　트라우마. 충격적인 사건이나 인생 전반을 변화시킨 요인 자체를 말한다. 또는 해결되지 못한 문제나 스스로 느끼기에 큰 상처로 남은 일을 트라우마라 한다. 이때 그 사건이 삶에 어떠한 변동을 일으켰는지에 대한 마음을 살피는 것이 중요하다.

누구나 살면서 트라우마를 겪고 산다. 실제로 열 명 중에 여덟아홉 명은 대면하기 싫은 기억을 하나쯤 갖고 있다고 한다.

내게도 트라우마로 남은 과거의 기억이 있다. 가족의 빚과 관련한 일인데, 수중에 돈이 없다면 인생은 물론 가정에도 우환이 생길 수 있다는 사실을 깨닫는 순간이 있었다. 아버지의 경제적 실수로 낡고 좁은 집으로 이사한 후 부모님이 빚을 해결하기 위해 친척들에게 손을 벌렸을 때 돌아온 것은 도움이 아니라 모욕적인 언사와 조롱이었다. 나는 일련의 과정을 명절 때 이불 속에서 들었다. 어린 나이라 상황을 잘 알지는 못했으나 그때 느낀 불안, 내가 면박을 당한 것 같은 불쾌함이 아직도 생생하게 남아 있다.

이후로도 집안 형편은 크게 나아지지 않았다. 단지 이 일로 나는 인생 최고의 가치가 오로지 돈이라는 생각을 하게 됐다. 그래서 악바리처럼 돈벌이를 찾아 나섰고 달콤한 미래를 매순간 되뇌었다. 미래의 성공한 내 모습이 나의 전부라 믿기까지 했다. 통장 잔고는 내 자존감의 유일한 원천이었다.

목적한 바는 아니었지만 순기능도 있었다. 이른 나이에 철저한 경제 관념이 생겼고 삶의 목표를 향한 뚜렷한 의지가 있었다. 성취감을 원동력으로 삼을 때 이에 대한 결과값이 금전적인 보상이라는 점에서 나름대로 삶의 의미도 찾았다. 하지만 '돈만 많으면 장땡'이라는 신념이 한 번씩 부정당할 때마다 어김없이 불안해졌다. 주식 투자 등으로 원하는 만큼 벌지 못하면 몹시 괴로웠다. 삶의 즐거움은 온데간데없었고, 불안한 미래를 상상하지 않기 위해 온 신경을 곤두세워야 했다.

이것이 서두에서 마음을 살피는 것이 우선이라는 표현을 쓴 이유다. 행복의 기반이 지나치게 부실했던 것. 살아가는 데 문제없어 보이지만 유독 취약한 부분이 있었다는 것. 결국에 나는 나를 진정으로 사랑한다고 할 수 없었다. 따라서 행복에 대한 재정의를 통해 입체적인 가치관을 형성하는 것이 시급했다. 인생 전반을 돌아보는 것은 물론 과거의 나와 타협을 해서라도 달라져야 했다. 물론 심각성을 느꼈다는 점에서 반은 성공한 셈이었다. 어찌 되었든 더 이상 도망치지 않고 변화에 응할 의지가 생겼다는 뜻이니. 나는 나의 상처를 인정하고 스스로 달라지기로 마음먹었다.

사실 트라우마는 일반적으로 일정 시간이 지나면 회복의 과정을 거친다. 인간에게는 괜찮은 상태로 돌아가려는 자생력이 내재되어 있기 때문이다. 물론 사건이 발생하기 전 상태로 돌아가진 못한다. 이러한 트라우마가 있을 때 조금이나마 극복하고 싶다면 어떤 방법이 있는지 단계별로 알아보자.

1
그 상처가 내게 문제인가, 아닌가 결정하라

과거의 상처가 나에게 문제인지 아닌지 결정하는 일이 우선이다. "무엇부터 손보는 게 좋을까?" 하고 소매를 걷는 태도가 아니라 이 또한 변화의 과정 중에 있다 여기며 너그러운 마음을 가져야 한다. 돈의 중요성을 체감한 과거의 나도 그저 변화의 과정에 있었던 것처럼 그때의 자신이 그럴 만한 사정이 있었다 여기자. 최악에서 차악으로 변화할 때도 개선이라는 표현을 쓰지 않는가. 마찬가지다. 예전보다 나아진 입장에서 과거의 마음가짐은 이젠 쓸모가 없으니, 이 또한 변화의 과정에 당면한 것이라 여길 줄도 알아야 한다. 어떤 부분이 부족한지 현재의 상황에 맞게 잘 대처하는 것. 이때 무엇보다 중요한 것은 믿음이다. "이 사건을 통해 나는 또다시 새롭게 거듭날 거야"라는 식으로 스스로를 믿는 자세가 필요하다.

2
행동하고 실천하라

두 번째 할 일은 실천하는 것이다. 새로 거듭난 마음가짐에 긍정과 정당성을 부여했다면 이를 실질적인 행동으로 만드는 과정이 필요하다. 돈만이 나를 지켜줄 수 있다고 여겼지만 상황은 달라지지 않았는가. 돈이 없어도 나를 사랑하는 사람들. 그들과의 돈 없이 나눌 수 있는 행복 자체에서 의미를 찾아보는 것이다. '비참한 환경 속에서도 매일매일 행복해지는 법'이라는 글에서 말했듯, 퇴근 후 가족과 밥을 먹으며 대화를 나누는 것. 강아지와 함께 산책을 다녀오는 것. 날이 좋아서 친구에게 전화를 거는 것처럼 말이다.

혹은 학문적인 접근으로 '돈 말고도 행복한 요소가 무엇이 있는가?'라는 물음에 여러 당위성을 부여해도 좋다. 인생의 여러 소중한 가치를 탐구하고 나만의 새로운 가치관으로 정립해나가는 것이다. 학문적인 설명이 가능할 때 누구보다 탄탄한 마음을 지녀 과거의 상처를 딛고 보다 현명한 사람으로 거듭날 수 있다.

3
과거의 나와 타협하라

트라우마의 시작점으로 가서 그 시절의 나에게 참 애썼다는 말을 해주며 공감 섞인 대화를 나누길 권한다. 이 단계까지 넘어온 시점이라면 그 시절의 나와 대화하기 영 힘들진 않을 것이다. 어색할 순 있지만 그 시절의 내가 가진 진정성에 집중하면 된다.

이렇게 말해보는 건 어떨까? 어린 나에게 "얼마나 무

서웠니. 세상이 다 끝난 것 같았겠지만 부모님은 여전히 네 곁에 계시고, 나름의 방법으로 너 또한 잘 해결하지 않았니. 엇나가지 않은 네 덕분에 오늘의 내가 있어." 갓 성인이 된 나에게는 "여러 시행착오를 통해 결국에 경제적으로 이만큼 이루었고, 그만큼 성장했어. 좋아하는 일도 꾸준히 하면서 수익적인 부분을 잊지 않은 네 덕분이라 할 수 있어. 아울러 "아무렴 참 애썼어. 여러모로 고맙다는 말을 전하고 싶어. 앞으로의 과정도 순탄하지 않겠지. 바통을 넘겨받아 나 정말 잘해볼게. 앞으로 우리 더 잘될 거야. 행복할 거야"라고 다독여주자.

제대로
휴식하는 법

피곤하고 또 피곤하다. 모든 기운이 완전히 바닥난 상태. 몇 시간째 누워 휴대폰만 들여다보고 있다. 별로 궁금하지도 않은 내용을 계속 새로고침하면서 시간을 허투루 보내고만 있다. 그러면서도 속으로는 '쉬는 중이야. 그러니까 괜찮아'라고 생각한다. '쉬다'의 사전적인 의미는 '피로를 풀려고 몸을 편안히 두다'라고 한다. 대입해보면 나의 쉼은 잘못된 듯하다. 놀고 싶다는 욕구를 해소하기 위해 눈을 가만두지 않으니 말이다. 몸은 힘을 뺀 채 아무것도 하지 않지만, 망막의 시신경으로 빛과 사물의 움직임을 끊임없이 받아들이고 있다. 그래서 더 피곤하다. 어쩌면 가장 좋지 않은 휴식.

우리는 놂과 쉼을 구분하는 방식으로 휴식을 재정의해야 한다. 노는 일 역시 휴식이라 생각하는 사람이 있을 것이다. 물론 여러 활동을 통해 에너지를 재충전하는 방법도 휴식의 일종일 수 있다. 그러나 지금 여기서는 그런 휴식은 논외로 하자. 내가 말하고 싶은 것은 모든 것을 비우는 휴식, 아무것도 하지 않는 시간이다.

　　그러려면 먼저 지금 가장 필요한 건 휴식이라는 상황을 인지할 줄 알아야 한다. 아무것도 하지 않음으로써 방전된 배터리를 충전해야 한다. 눈을 감고 잡념과 딴짓을 하고 싶은 욕구를 의식적으로 떨쳐내야 한다. 이를테면 다음의 방법도 추천한다. "나는 아무것도 생각하지 않는다. 나는 누워 있는 감자다." 조금 우스운 주문이지만 수십 번 되뇌며 긴장을 풀고 심신을 이완하는 데는 효과가 있다. 태도를 단조롭게 하고 호흡을 가다듬어 의식적으로 노력하면 곧 멍해지는 현상을 체험할 수 있다. 그러다 스르륵 잠들지도 모르지만, 그래도 괜찮다.

　　휴식하는 데 중요한 것은 휴식도 일종의 스케줄로 여기고 그 약속을 꼭 지켜야 한다는 점이다. 누구나 마찬가지겠지만 해야 할 일들은 끊임없이 이어진다. 이 일을 끝내고 나면 다른 일을 처리해야 하고, 이 약속을 마치고 나면 다음 약속이 기다렸다는 듯 잡힌다. 이 모든 것을 멈추고 오로지 쉼을 위한 시간을 일부러 마련해야 한다. 휴식의 시간을 아까워하지 말고, 그 시간이 있어야만 다른 중요한 일을 할 수 있다고 생각해야 한다. 실제로도 그렇기 때문이다.

중요한 건, 삶의 활력을 되찾는 데 있다. 내 성향과 잘 맞는 휴식을 취하라. 정적인 활동을 좋아하면 혼자 산책을 가든 캠핑을 떠나든, 자기와 맞는 방법으로 쉬어야 한다. 업무 특성상 사람을 많이 대하는 직업이라면, 되도록 혼자 있는 활동으로 놀고 싶은 욕구를 해소해야 한다. 원치 않는 휴식을 취하는 것은 안 하는 것만 못하다. 중요한 건 삶의 활력을 되찾는 데 있다. 내가 무엇을 원하는지, 무엇을 진정으로 하고 싶은지 파악해 이를 새로운 에너지원으로 만드는 것. 행복을 느끼는 활동을 하면서 비로소 휴식하는 것. 그래야만 비로소 진정으로 휴식한 기분으로 새로운 하루, 한 주를 맞이할 수 있지 않을까.

명상으로 내 안의
우주를 찾는 법

1

점이나 사주 따위에 현혹되지 마라

가끔 삶의 모호함에 방황하다 무엇이든 의지하고 싶을 때가 있을 것이다. 그 존재의 실존 여부를 떠나서 전지전능한 것이라면 그것에 기대 부정적인 기운을 훨훨 날려보내고 싶을지 모른다. 그렇게라도 마음의 평안을 찾으면 다행이겠지만, 알다시피 불안이란 시시때때로 찾아오지 않는가. 기복과 구원의 소망을 담아 그 무언가를 영적인 세계로 날려버린다 한들 중요한 건 마음에 진정한 평안이 찾아오지 않는다는 점이다. 본질에 접근하지 않고 부적

165

따위의 외부적인 것에 의존해선 아무것도 소용없다.

차라리 그럴 바에야 지금 이 순간의 행복을 누릴 무언가를 찾는 게 낫지 않을까. 불안을 행복으로 치환할 수 있는 실질적인 방법을 찾아보자. 훌쩍 떠나는 여행이든, 친구들과 먹는 맛있는 식사든, 좋아하는 물건을 사는 소비든 마음을 환기할 수 있는 행위라면 뭐든 괜찮다. 결국 마음의 평안을 찾는 일은 마음을 바꾸는 일이다. 탁한 공기를 바깥의 맑고 깨끗한 공기로 밀어내는 것이다.

2
눈을 감고 생각을 벗어나라

힘이 들 때는 잠시 쉬어가야 하는 것처럼 마음이 힘들 때는 마음을 잠시 내려놓는 게 좋다. 헐떡이는 숨을 가라앉히며 열을 식히듯 말이다. 마음의 온도가 따스해질 때까지 정적인 자세를 유지해야 한다. 그 방법 중 하나가 바로 호흡이다. 아무 생각 없이 쉬는 숨이 아니라 무의식에 닻을 내리듯 숨쉬는 주체가 되는 것이다. 직접 컨트롤타워에서 지휘하듯 말이다. 숨을 천천히 들이마시며 소란

스러운 마음을 아래로 가라앉힌다. 숨을 들이마실 때 가슴이 부풀어오르는 것을 의식하면서 그 숨에 활기를 부여한다 생각하라.

어느 정도 평안이 찾아오면 눈을 감고 무의식에 생각을 맡기자. 이곳저곳에서 튀어오르는 잡념과 불안과 거리를 두는 행위다. 참된 자아를 찾아가는 데 집중하자. 고요 속에서 본연의 모습을 발견하는 일. 참된 나를 새로이 대면하는 것. 힘이 들 때 다른 사람에게 의지하지 말고, 스스로 해결하라는 의미란 바로 이런 게 아닐까.

3
억울해도 사람을 미워하지 마라

인과응보라는 말이 있다. 누군가에게 상처를 준 사람은 반드시 그 대가를 받는다는 뜻이기도 하다. 과거의 행동이 결과를 불러와 현재를 만들고, 현재의 뉘우치지 못함이 미래의 불행을 쌓게 되는 것이다. 그런 이들은 그 자체로 이미 불운한 사람들이다. 마음 자체가 지옥이고 악

마인 이들과 상대해봐야 무슨 득이 있겠나. '근묵자흑'이라는 말이 괜히 있는 게 아니다.

몸을 접촉하는 것과 입으로 말하는 것과 귀로 듣는 것, 이 모든 것을 주관하는 마음을 선악의 기로에 서게 하지 말자. 누군가를 미워하기보다 거리를 두자. 지금 내가 하는 행동이 곧 또 다른 현재를 만든다. 어쩌면 지금의 고생이 가까운 미래에는 보상으로 다가올지 모를 일이다.

4
가슴에 응어리가 생겼을 땐 쏟아내도 된다

눈치 보지 말고 펑펑 울면서 화를 내도 좋다. 단 주변 사람에게 피해를 끼치지 않는 선에서 쏟아내자. 화병은 스트레스가 배출되지 못해 아주 꽉 막혀버린 상태이므로 인위적으로라도 싹 다 밀어내는 과정이 필요하다. 기지개를 켜듯 온몸으로 기를 표출하라는 뜻이다.

부당하다고 느끼는 것에는 "나한테 왜 자꾸 이러는 거야!"라고 소리치고, 경제적인 압박에 시달릴 때는 "열심히 일하고 있잖아! 뭐가 문제야, 더러운 세상아!"라고 불평하고, 일이 너무 하기 싫을 때는 "아, 다 때려치우고 싶다!"라면서 아무도 없는 곳에서 그동안 하지 못한 말들로 시원하게 속을 긁어줘라. 몇 번이고 괜찮아질 때까지 하고 나면 속이 후련해질지도 모를 일이다. 누구에게 피해를 끼치지 않으면서 내 행동에 책임을 지는 선에서 마음을 다스리는 방법을 찾자.

5
웃는 사람 곁에는 늘 행운이 따른다는 사실을 잊지 말자

명상으로 감정을 다스리든, 누군가를 미워하는 마음을 자제하든, 아무도 몰래 스트레스를 풀든, 궁극적인 목표는 내 인생에 웃음이 꾸준히 돌고 도는 것이다. 마음에 온화한 바람이 불어 마음 가득 긍정과 희망을 채우듯 말이다. 그러면 새로운 행복에 자주 휩싸일 수 있다. 앞으로도 살아갈 때 "웃는 사람에게 복이 온다"라는 마음가짐을 되새기자. 사소한 일에서도 행복을 느낄 수 있도록, 단편적인 모든 순간들에 즐거움이 끊이지 않도록 새로운 하루를 벅찬 마음으로 열어가도록 하자.

저축으로
내 미래를 지키는 법

저축은 주로 돈을 절약해서 모으는 행위를 일컫는다. 돈은 행복이나 기쁨이라는 감정으로 치환되므로 돈을 쓰지 않고 모은다는 것은 어쩌면 행복이나 기쁨을 당장 누리지 않고 나중을 위해 미뤄둔다는 의미일 수도 있다. 하지만 요즘 젊은 사람들에게 이것이 얼마나 설득력 없는 말인지 생각해봐야 한다. 해를 거듭할수록 치솟는 실업률, 공동체 의식 붕괴, 세대간 격차, 빈부 격차, 성차별 등 마주하는 이슈는 현재 가진 것을 절제하고 미래를 준비하는 기본적인 행위인 저축을 부질없다고 여기게끔 한다.

하지만 그런 삶이 지속되면 안 된다. 당장의 기분을 위해 돈을 쓰는 일은 나를 더더욱 궁핍하게 만들 확률이 높다. 순간의 즐거움도 중요하지만 미래를 위해 저축하는 일 또한 나를 사랑하는 방식이다. 그렇다면 어떤 방법으로 저축하면 좋을까? 개인적인 노하우에 불과하지만 그래도 맞는 사람이 있으리라 믿고 공개한다.

1
생활비를 제외한 기타 소비 80퍼센트 아끼기

첫 번째부터 반발할지 모른다. 자취하는 경우라면 집세를 포함한 생활비만으로 월급의 50퍼센트는 나갈 텐데 그게 가능하냐고 말이다. 그러니까 생존을 위해 꼭 필요한 돈을 빼고, 야식을 사 먹는 것이나 회사에 지각해서 택시를 타는 것 등 감정 기복이나 불규칙적인 일상 탓에 나가는 돈의 구멍을 모조리 막아야 하는 것이다. 생존에 관련이 없는 지출이 고정적인 형태를 띤다면 습관을 바꿔 변화시킬 수 있지 않을까? 월급의 50퍼센트는 어쩔 수 없더라도 나머지의 돈은 주체적으로 통제할 줄 알아야 한다. 더불어 필수적인 항목처럼 보이는 소비도 규제하면 도움이 된다. 이를테면 휴대폰비. 더 낮은 요금제를 사용

해도 큰 문제가 없다면 과감히 변경해보자. 혹은 커피를 사 먹는 돈도 집에서 직접 내려 먹는 방식 같은 대안이 있다면 줄여나갈 필요가 있다.

2
계좌 이름 변경하기

두 번째는 계좌 이름 변경하기다. '1년 안에 3천만 원 모으기' 혹은 '생활비 10만 원 이하' 같은 별칭을 달아두는 것이다. 단기적인 목표를 담은 이름을 통해 경각심을 부여하는 방법이다. 이때 최대한 현실적인 단어를 쓰는 것이 포인트다. 계좌를 볼 때마다 "생활비 10만 원 이상 쓰면 미래의 나도 하루씩 깎이는 거야"라는 생각이 절로 들 것이다. 라이프스타일에 엄격한 규제를 가하는 이런 방식이 자존감을 낮출지도 모르지만 고통스러운 삶을 우직하게 씹었을 때 한 번도 느껴보지 못한 행복을 맛보게 한다. 지금은 그 행복에 중독되지 않은 상태라 생각해보는 건 어떨까.

3
지출 내역 매일 기록하기

세 번째는 어쩌면 당연한 소리일지 모른다. 지출 내역을 일기장처럼 매일 기록하는 것이다. 무엇이든 수치화하는 버릇을 들이고, 이를 통계적으로 분류하되 하나의 사이클을 만들어보라. 아무리 바빠도 빠뜨리지 않고 날마다 지출을 써내려 가보자. 그렇게 한 달을 작성하면 '무엇이 문제인지' 분명하게 드러난다. 어느 부분에서 소비를 줄여야 할지 한눈에 파악할 수 있다. 무작정 소비를 줄이면 어느 순간 돈을 쓰고 싶은 욕망이 강하게 분출될 수 있다. A를 30퍼센트 줄이고, B는 10퍼센트 선을 유지하는 식으로 소비를 잘 컨트롤하도록 하자. 소비 행위 역시 실체를 명확히 파악했을 때 그 행동의 주체로 당당히 서기 마련이다.

여러 조언을 제시하긴 했지만 누군가가 "그러는 당신은 잘하고 있나"라고 묻는다면 선뜻 그렇다고 대꾸하기 어렵다. 평소에 절제하다가도 어느 순간 고삐 풀린 망아지처럼 큰돈을 쓰는 습관이 있기 때문이다. 물론 마음을 굳게 먹고 위의 방법들로 허리띠를 졸라맸지만 어느 순간에는 내성이라도 생긴 듯 어떻게 하든 소비를 합리화하려는 나를 발견했다. 그럴 때마다 새로운 가계부 어플을 다운받아 작성해보는 등 새로운 방식을 다양하게 적용해 스스로를 다잡고 있다.

중요한 건 마음가짐이다. 작심삼일을 반복하더라도 그것이 계속되면 한 달, 두 달, 나아가 1년을 보낼 수 있다. 그러니 절약은 나의 미래를 위해 현재의 나를 끊임없이 다독이는 과정이다. 그러려면 현재의 나를 사랑해야 한다. 내가 지금 당장 자극적인 배달 음식을 먹지 않아도, 멋진 옷을 사지 않아도, 유흥을 위한 지출을 하지 않아도 나라는 사람은 어떤 가치도 훼손되지 않는다. 이 점을 잊지 말자.

인생 최적의
멘토를 찾는 법

요즘 사람들은 무슨 일을 하든 롤모델이나 멘토를 찾는 데 혈안이다. 그러나 필요한 부분이 있다면 참고는 하되 어떤 대상을 사이비 교주 섬기듯 맹신하는 일은 피해야 한다. 성공한 사람들의 눈은 정확하지 않다. 그들의 머릿속은 성공의 달콤함에 젖어 있고, 성공하지 못한 당신과 현실적으로 거리가 있다. 그러므로 그들의 조언은 이미 지나간 조언일 뿐이다.

페이스북을 설립한 마크 저커버그는 포모(FOMO, fear of missing out, 나중에 후회할지 모른다는 두려움이나 불안감을 뜻하는 마케팅 용어) 증후군에 빠진 현대인을 향해 '포모'를 '조모(JOMO)'로 바꾸라고 조언했다. '조모'는 무언가를 놓칠까 봐 불안해하는 감정은 버리고, 'Joy of missing out' 즉 놓치는 행위를 즐기라는 뜻이다. 의미는 훌륭하다. 순간의 미성숙한 대처를 호방하게 털어내고, 여유로운 상태에서 때를 기다리라는 것. 현재를 면밀히 파악하고, 미래를 설계하라는 것처럼 올바른 선택이 어디 있겠는가. 비전을 제시하는 조언 같아 마음이 든든해지기까지 한다. 하지만 실수 한 번이 곧 실패로 이어지는 현실에 과연 적용 가능한 조언인지 의구심이 든다. 환경이 여의치 않고 기반이 받쳐주지 않은 사람에게 뭔가를 놓치는 행위가 가당키나 한가. 그들에게 기회를 놓쳤다는 것이 어떤 의미인지 알면 그런 말을 쉽게 할 수 없을 것이다.

게다가 요즘같이 저금리, 저성장, 저출생 시대에 파이어족이라는 용어와 함께 플렉스, 욜로와 같은 극단적인 소비 형태가 등장하고 있다. 암담한 미래가 현재에 더욱 집착하게 만드는 것이다. 많은 이들이 저마다 가치관에 따라 자신의 앞날을 어떻게 꾸려나갈지 선택하겠지만, 나는 젊을 때 열심히 일하고 아껴서 이른 나이에 은퇴한 후 삶을 즐기자는 파이어족에 마음이 동한다. 그래서 여러 방면에서 수입이 생길 수 있게 노력하고 있다. 지난 몇 년을 그렇게 지내보니 내 삶의 윤곽이 어느 정도 잡혀가고 있다. 그런데 사람들은 나의 단편적인 모습만 보고 벌이가 충분한데 왜 그렇게 아등바등 사느냐면서 여유 있게 살라고 조언한다. 일만 하고 돈만 생각하면서 살기에 젊음이 너무 아깝지 않느냐고 놀 줄 모르는 고지식한 사람으로 바라보는 지인도 있었다. 타인이 타인을 이해할 수 없어 건네는 무지를 가장한 무례함일까. 본인의 과오를 반복하지 않기를 바라는 선행자의 배려일까. 후자에 가까운 조언이라 할지라도 이미 성공한 사람의 눈은 정확하지 않다. 더군다나 그러한 대안조차 여유가 있는 사람이 할 수 있는 말에 불과하다. 설령 배려라 할지라도 누군가에겐 무례로 여겨질 수밖에 없다. 그러므로 여러 관점에서 생각해볼 때 이미 성공한 사람들의 시각은 결코 현실적인 마인드맵으로 참고하기 어렵다. 저마다 처한 삶의 모습이 다르고 그 안에서 겪는 고충을 무시할 수 없기 때문이다.

그렇다면 모든 멘토와 거리를 두고 롤모델 설정을 멈추면 좋을까? 물론 그런 뜻은 아니다. '경제적으로, 사회적으로' 어느 정도 위치에 있는 사람을 제외하라는 것이다. 그들의 시각은 평범한 사람과 접점이 전혀 없을 수밖에 없다. 다만 비슷한 직종에서 현재진행형인 사람, 업계에서 한 발자국 앞서간 사람들을 멘토로 삼는 것은 괜찮다. 함께 일하며 즉각적인 변화와 반응을 주고받아도 좋고, 경쟁자의 입장에서 그들의 발자취를 좇아도 좋다. 가장 현실적인 계획을 세워가며 거듭 성장하는 길을 택하자. 인생을 훌륭하게 설계하기 위해선 교과서적인 답보다는 이렇듯 현실성에 입각한 선택이 낫다.

내 삶을 지탱하는
지지대를 만드는 법

1

차곡차곡 모은 돈

100만 원을 모으면 10, 20만 원은 쓰고 싶고, 1천만 원을 모으면 100만 원 정도는 써도 될 듯싶다. 그렇지만 쓰고 싶은 욕구를 누르고 구두쇠처럼 행동하며 1억 원을 향해 허리를 졸라매야 한다. 단지 더 많은 잔고를 갖기 위해서가 아니라 내가 하고 싶은 일을 하며 여유를 누리기 위해서다. 경제적인 풍족함은 삶을 느긋하게 즐기는 태도를 선사한다.

2
과거에 다녀온 여행

　사랑이 힘들면 헤어지면 되고, 공부가 힘들면 그만두면 된다. 꿈이 버거우면 다른 꿈을 찾으면 되지만 먹고사는 일은 어떻게든 방법을 찾아야 하고 도중에 놓아버릴 수도 없다. 아마 그래서 여행을 떠나게 되는 게 아닐까. 내 삶에 더 집중하고 힘든 세상에서 스스로를 다독이기 위해서 말이다. 비록 지친 몸을 잠시 쉬게 하는 정도의 효과지만 그래도 여행은 나를 새롭게 바라볼 수 있게 한다.

3
친구들과 나누는 대화

　내게는 '나 빼고 다 비정상'이라는 단체 채팅방이 있다. 어디 내놔도 부끄러운 친구들이라 서로 농담하면서도 삶이 힘겨울 때는 이 채팅방에서 다시 웃을 기운을 얻는다. 이런 저런 얘기 끝은 항상 "그때 참 좋았지"라는 넋두리지만 다들 크게 슬퍼하는 것 같지도 않다. 친구라는 건 함께 있을 때 에너지가 배가되고 서로에게 의미 있는 존재로 남는다.

4

매일 챙겨 먹는 건강보조제, 매일 하는 운동

삼십대에 접어들어 본격적인 건강 관리를 시작했다. 딱히 어디가 아파서는 아니고 앞으로의 삶을 버텨나갈 몸과 마음의 기반을 만들어놓고 싶었기 때문이다. 만약 원하는 만큼 돈을 벌어 풍족한 삶을 일찍 누리게 된다면 노는 일에도 체력이 필요하지 않겠는가. 다정도 체력에서 나온다는 말이 있다. 내가 건강해야 나와 내 주변을 두루 살피고 챙길 수 있다.

5

내가 번 돈으로 부모님께 하는 선물

도리의 사전적인 의미는 사람이 마땅히 행하여야 할 바른길이다. 부모님의 품 안에서 지낼 때는 이 도리를 명확히 인식하지 못했다. 하지만 자립하고 나서 스스로 터

전을 마련하자 부모님에게 염치를 느끼게 됐다. 그래서 틈틈이 크고 작은 선물을 드리는데 그럴 때마다 마음의 빚을 갚아나가는 듯해 후련하고 기분 좋다.

6
소소한 행운이 찾아오는 순간

살다 보면 생각지도 못한 행운이 찾아올 때가 있다. 기대 없이 신청한 이벤트에 뽑히거나 약소한 금액의 복권에 당첨되는 것처럼 소박한 기쁨의 순간들. 상품을 받고 맛있는 음식을 시켜 먹는 등 행운이 가져다주는 즐거움. 우연히 찾아온 행운은 삭막한 삶에서 발견한 오아시스처럼 사는 재미를 선사한다. 하늘이 주는 작은 응원이라 해도 좋다.

7
혼자 보내는 시간

핸드폰 비행기 모드, 침대 위에서의 반나절, 혼자 하는 산책, 천천히 흘러가는 새벽. 그밖에도 내가 좋아하는 것을 방해받지 않고 하는 것. 요즘 혼자 뭐든 하는 것을 좋아하게 되었다. 나만큼 나 자신을 잘 돌볼 수 있는 사람은 이 세상에 없다는 사실을 깨달았기 때문이다. 세상사에 치여 아무것도 하기 싫을 때 나 자신도 '비행기 모드'가 되어 요지부동하고 싶다. 그러다 훌쩍 산책을 다녀와 새벽녘까지 좋아하는 노래를 듣거나 책을 읽으면 더할 나위 없이 충만하다. 혼자가 주는 힘은 대단하다.

8

일을 끝낸 성취감

원고를 마무리했을 때나 월급이 들어왔을 때처럼 성취감을 느끼고 싶은 순간에 반드시 듣는 노래가 있다. 포스트 말론의 〈콩크래츄레이션〉. 나에게는 이 노래가 형용하기 어려울 정도로 후련하고 홀가분한 감정을 표출하는 수단이다. 노래를 들으면 미래를 낙관적으로 보게 되고 억눌린 욕구를 건강하게 해소할 수 있다. 카타르시스를 느낀다고 하는데 그건 뇌에서 일어나는 일이고, 나는 그저 인생의 한 순간을 만끽할 뿐이다.

사랑하기보다 사랑받는 삶을 살자. 주기만 하는 사랑은 그만하고 이제는 사랑받으며 살자. 조금 이기적이어도 된다. 내 안위를 우선해도 된다. 온 힘을 다해 사랑해봤다면 이젠 도도하게 굴어도 괜찮다. 귀인처럼 굴면서 사람을 만나다 보면, 귀인 대접을 해주는 상대를 만나기 마련이다. 그러니 부질없는 관계에 애쓰지 말 것. 남을 사람이라면 내 곁에 남을 것이며, 그때 비로소 '내 사람'의 의미를 확인할 수 있을 것이다.

다가가는 마음,
물러서는 용기

나를 사랑하는
사람을 사랑하라

내가 좋아하는 사람이 나를 좋아하는 일은 기적과도 같다. 하지만 누구에게나 일어날 수 있지만 누구에게도 쉽게 일어나지 않는 것이 바로 기적이다. 그래서 누군가를 사랑하면 그 기적을 바라고 상대가 나를 좋아하게 만들기 위해 마음을 일방적으로 쏟아붓는다. 그리고 그 마음이 크면 클수록 사랑에 대한 보답을 받을 수 없을 때 생겨나는 상처의 깊이도 깊다. "어떻게 해도 저 사람은 나를 사랑하지 않아. 내가 그렇게 별로인가?" 결국 스스로를 책망하고 깎아내리고 만다.

그렇다면 어떻게 해야 할까? 안 될 것 같은 관계에 너무 매달리는 것보다 나를 좋아하는 사람을 만나면 된다.

나를 정말로 아껴주고 있다는 생각이 줄곧 드는 사람. 그렇게 시작하는 연애가 과정도, 마무리도 좋은 편이다. 강렬히 타올랐다가 금방 식는 것보다 미지근한 온기가 더 오래가는 법이다.

물론 기대치를 낮추라는 뜻은 아니다. 누구에게든 숨어 있는 매력이 있는 만큼 조금만 다르게 보면 상대의 진가를 체험할 기회가 주어진다는 뜻이다. 이는 곧 안정적인 만남으로 연결되기도 한다. 안정적인 만남은 연애의 달콤함과 이전에 겪은 힘듦을 청산받는 감정마저 느낄 수 있다. 이상이 아닌 현실적으로 연애할 것. 우리는 드라마나 영화 속이 아닌 현실을 살아가는 사람들이다. 무엇보다 일상에 행복을 가득 채워줄 사람이 필요하다.

그런데도 집착을 버리기 힘들다면 내가 좋아하는 사람이 나에게 마음이 없는 이유와 그런 사람을 사랑할 필요가 없는 이유를 생각해보는 것도 좋다. 그런 이유에 무엇이 있는지 알아보자.

1

간절한 바를 이루었다는 성취감이 미미하다

사람은 보통 자신에게 힘든 상황을 극복했을 때 말하기 어려운 기쁨을 느낀다. 노력의 비용을 높게 책정했을 때 '이만큼 고생해서 얻은 보람찬 결과'라 여기며 결과물을 한껏 사랑스럽게 본다. 결과물을 애정의 대상으로 바꿔도 마찬가지. 그러므로 거저 받은 마음, 혹은 누군가의 공짜 호의에 대해서는 일말의 동요도 생기지 않을 확률이 높다. 얼마나 본인을 정성으로 대하고 생각하는지 알 게 무엇인가? 타인은 타인에게 그저 무심한 것이 인간관계의 기본이다.

2

받은 마음을 귀하게 여기지 않는다

누군가의 호의를 단지 도구로 인식한다 할까. 원석처럼 순수한 마음을 '어떻게 하면 잘 이용할지' 고민에 빠지는 것이다. 풀어 이야기하자면 누군가가 나를 진심으로 좋아하는 것을 알고 있는 상태지만 단지 앞에서 그칠 뿐 마음까지는 전달되지 않은 것이다. 필요할 때만 꺼내 사랑하는 척만 하게 된다. 보험 삼아 어려운 만남에 지쳤을 때 머무는 휴식처로 여길 수 있다. 한편으로 애정을 갈구하는 쪽에서는 나름의 만족을 느낄지 모르겠지만 그 끝은 말하지 않아도 정해져 있다. 마음에서 우러나지 못한 사랑, 연애는 파국만 초래한다.

물론 짝사랑도 엄연한 진심의 일환이다. 이 글을 읽는 당신의 서글픈 심정을 공감 못 하는 건 아니지만, 그럼에도 안 되는 건 하루빨리 접으라 말하고 싶다. "나를 좋아해주는 사람을 만나라." 다소 형식적인 답 같겠지만 이것이 사실이다.

3

날 좋아해주는 사람을 만나면 행복하다

그렇다면 날 좋아해주는 사람을 만나면 어떤 점이 좋을까. 첫 번째, 사랑받는 기분에 겨워 살게 된다. '내가 그렇게 좋나?'라며 내심 뿌듯해하다 일편단심에 동하여 그 사랑에 빠지게 된다. 외적인 부분보다 더 중요한 것을 귀히 여기는 그 사람에게 이끌린다. 나만 보면 그저 생글생글 웃는 모습이나 있는 그대로 편안하게 해주는 노력은 닫혀 있던 마음에 어느새 틈을 만든다. 두 번째, 비로소 제대로 된 사랑을 할 수 있다. 안정적인 만남이 이어지다 보니, 불안과 모험에 소모될 에너지가 상대의 진면모를 발견하는 데 쓰이게 된다. 마치 비옥한 토양에서 순탄하게 씨앗을 뿌리고, 꽃을 보고, 열매가 맺는 기쁨까지 누리는 것처럼 말이다.

나는 너를 만나
더 좋은 사람이 된다

그런 사람을 만나라. 나만 보면 좋아 죽겠다는 듯 웃음을 멈추지 못할 정도로 자신의 감정에 솔직한 사람. 지금 이 관계를 위해 먼저 미안하다고 사과할 줄 아는 사람. 나의 부끄러운 모습까지 있는 그대로 사랑해주는 사람. 말을 예쁘게 하고 감정이 안정적인 사람. 한창 잘나갈 때 다가오는 사람 말고, 어렵고 힘들 때 곁에서 힘이 되어주는 사람. 고민을 얘기하면 누구보다 열렬히 조언해주는 사람. 서운하지 않게 제때 연락하면서도 매달리는 사람처럼 보이지 않도록 은근하게 말해주는 사람. 이를테면 오늘 달이 참 예쁘게 떴다고 사진을 보내면서 귀가 중임을 알려주는 섬세함을 지닌 사람. 내가 더 좋은 사람이 되게

하는 사람. 이런 사람을 만나면 진정한 사랑을 만들어나
갈 수 있을 것이다. 더 구체적으로 설명해보자면 다음과
같다.

1
상대를 존중할 줄 아는 사람

자신의 기준에 맞추게끔 하고 싶지만, 그보다 좋아하
는 마음이 더 큰 사람, 서로 다른 관심사를 공유하면 공감
하는 것을 넘어 애정을 가지고 아이디어까지 제시하는 사
람을 만나라. 무엇보다 나의 행동이 잘못되지 않았다며
지지해주는 사람이어야 한다.

2
작은 행복을 누릴 줄 아는 사람

한동네에 살면서 부담 없이 자주 만나 옆자리를 내어
줄 수 있는 사람, 추운 겨울에 주머니 속 깍지 낀 손, 호호
불며 먹는 붕어빵, 아늑한 분위기의 적당한 취기, 영화 내

용은 기억나지 않지만 빔 프로젝트가 비추는 분명한 행복. 그렇게 모든 것을 빠짐없이 추억하는 사람을 만나자.

3
장점을 섬세하게 짚어주는 사람

100가지의 단점을 발견하고도 100가지 성장 가능성 있는 장점이라며 아낌없이 칭찬해주는 사람을 만나야 한다. 그 누구보다 나의 가치를 새롭게 발견해줄 사람, 별로 내세울 것이 없다고 스스로를 생각할지라도 사랑이라는 기준으로 관점을 바꿔줄 수 있는 사람을 만나라.

4
자존감이 높은 사람

자기를 제대로 사랑하고 아끼는 사람을 만나야 한다. 편견이나 패배 의식, 열등감에 젖어 "가난하게 살았다고 무시하는 거야?"라는 말을 내뱉는 사람은 피하는 것이 좋다. 스스로 부족한 부분이 있어도 인정하고 배울 줄 알며 그 부족한 점을 상회하는 매력을 드러내는 사람이어야 한다. 자격지심은 마음에 핀 곰팡이 같아서 전염되기 일쑤다.

5
곁에 좋은 사람이 많은 사람

그 사람 주변에 있는 사람들을 살펴보자. 끼리끼리 어울린다는 말처럼 친한 친구들을 보면 그 사람을 파악할 수 있다. 친구들 사이에서 편하게 어울리는 그 사람의 모습도 유심히 살피자. 의외로 됨됨이를 쉽게 알 수 있다. 평소답지 않게 친구들 사이에서는 험한 말이나 욕을 남발한다면 다시 생각해봐야 한다. 멀끔한 차림에 선한 인상인데도 몹시 지저분한 사람도 있다. 그러나 주변 사람들도 당사자처럼 순수하고 선하다면 그 사람을 놓치지 말자.

6
운명처럼 잘 맞는 사람

마치 소울메이트처럼 마음이 잘 통해 무언가를 끊임

없이 같이할 수 있는 사람. 공감대가 많다는 것은 사랑이 불타오르는 시기가 끝났을 때 편안한 친구 사이처럼 사랑을 유지시켜준다. 그렇게 취향이 나와 잘 맞는 사람. 나의 가치관을 존중할 뿐 아니라 이를 공유하고 지켜나갈 수 있는 사람을 만나라.

7
자존심을 서슴없이 내려놓을 수 있는 사람

잘잘못을 따지는 것보다 관계가 망가지는 것을 염려하는 사람, 혹은 기분이 태도가 되지 않고 순간의 감정이 관계에 영향을 주지 않도록 상대를 1순위로 생각하는 사람은 만날수록 좋은 사람일 확률이 높다. 저자세로 나오는 것이 믿음직스럽지 않더라도 깊은 뜻을 이해해주자.

이제는 이기적인
연애를 해야 할 때

사랑하기보다 사랑받는 삶을 살자. 주기만 하는 사랑은 그만하고 이제는 사랑받으며 살자. 조금 이기적이어도 된다. 내 안위를 우선해도 된다. 온 힘을 다해 사랑해봤다면 이젠 도도하게 굴어도 괜찮다. 귀인처럼 굴면서 사람을 만나다 보면, 귀인 대접을 해주는 상대를 만나기 마련이다. 그러니 부질없는 관계에 애쓰지 말 것. 남을 사람이라면 내 곁에 남을 것이며, 그때 비로소 '내 사람'의 의미를 확인할 수 있을 것이다. 아울러 주체적인 삶은 어떠한 흔들림에도 끄떡없이 마음의 중심을 잡아줄 것이다.

물론 그렇다 해도 혼자 잘해주고 혼자 상처받는 사람

들이 있다. 대개 자신을 소중히 대하지 않는 이들이 상대에게 마음을 퍼주다가 버림받는 경우가 그렇다. 혹은 비슷한 만남만 이어오다 아픔에 익숙해진 이들일 것이다. 속칭 '을의 연애'를 계속해온 사람은 관계의 우위를 점하려는 시도 자체를 이해하지 못한다. 이해타산적인 행동이라 여기는 동시에 사랑의 문제는 단지 사랑의 관점에서 해결해야 한다는 생각에 갇혀 있기 때문이다. 이들은 누군가를 위해 희생하는 것, 물질적으로든 정신적으로든 무조건 퍼주는 습관 자체를 떨쳐내지 못한다. 떨쳐내려고 노력할수록 도리어 마음이 불안하다고 호소한다. 이들은 서운함을 느끼는 지점도 보통 사람들과 다른데, 상대보다 더 많이 사랑하는 것이 슬픈 것이 아니라, 더 많이 사랑하는 것을 잘 알고 있으면서 상대가 왜 달라진 모습을 보이지 않은가를 서운해한다. 관계의 우위와 별개로 단지 연인 사이에 당연하게 주고받아야 할 표현의 총체적 과정에 초점을 맞추는 것이다.

이제는 갑의 연애를 익혀야 한다. 타인의 말에 이리저리 휘둘리지 말고 과도한 희생을 멈추어야 한다. 내가 상대에게 마음을 100을 주었을 때 50밖에 돌려받지 못하더라도, 나머지 50의 가치를 알고 나중에라도 채워주는 사람을 만나야 하지 않겠는가. 그러기 위해서는 갑의 삶을 지향하면서 살아갈 필요가 있다. 그 방법에는 어떤 것이 있는지 알려주고자 한다.

1
가볍게 연애하는 습관을 갖는다

어떤 사람이 내게 호감을 표한다면 망설이지 말고 만나본다. 좋아해서 만난다기보다 나와 맞는 사람을 찾는 능력을 기른다는 생각으로 마음을 열자. 그렇게 여러 차례 만남을 경험하며 대처법을 체득하면 좋다. 어떤 유형의 사람이 쉽게 상처를 주는지, 삶의 교훈을 복습하지 않으려면 어떻게 해야 하는지 파악하다 보면 사람의 본심을 알아채는 지혜를 얻게 될 것이다. 꼭 그렇지 않더라도 소위 '똥차'인 사람을 피하는 안목을 높일 수 있다.

2
맺고 끊기를 잘해야 한다

연인 사이에 신뢰를 깨뜨리는 행위가 있지 않은가. 그것이 사소한 문제여도 이전이었으면 그간 쌓인 정을 생각해 넘어간 일들에 관해 이제는 냉정한 태도를 보여야 한다. "너 아니어도 만날 사람은 많아. 나를 그렇게 대한다면 우리 미래도 없어"라거나 혹은 "내가 이렇게 괜찮은 사람인데 너만 모르는군"라면서 '쿨하게' 돌아서는 것이다. 사랑하는 관계에서도 객관적인 시선과 독립적인 태도가 필요할 때가 있다. 나를 존중하지 않는 상대라면 아무리 사랑한다고 해도 이성적으로 생각해야 한다.

3
사랑에 목숨 걸지 않는다

특별한 관계라 여기며 과민하게 굴지 마라. 누군가와 진심을 나누며 사랑으로 일컬어지는 행위를 하지만 사랑은 서로 다른 두 명의 타인이 주체다. 연락이 뜸하면 그런가 보다 생각하고 뭔가 맞지 않는 부분이 있으면 저 사람은 그렇구나 하고 받아들여야 편안한 연애를 할 수 있다. 아울러 누구나 어떤 형태로든 타인에게 상처를 줄 수 있다. 좋은 사람이라고 상처 주지 않는다는 법은 없으니 그런 점을 염두에 두고 사랑하라. 기대치를 낮추는 것이 관계와 나 자신을 지키는 수단이 될 수 있다.

갑의 연애를 익힐 때가 왔다. 갑이라는 말이 부담스럽다면 더 이상 자존심 없는 연애를 하지 않겠다 생각하라. 인생의 1순위를 연애나 사랑이 아닌 나의 일이 되도록 하자. 그렇게 내 생활에 집중하다 보면 사람들이 저절로 주변에 모이고 새로운 사랑을 시작할 수도 있다. 커리어를 쌓든 외모를 가꾸든 스스로의 매력을 높이는 데 치중하는 것이다. 내가 나를 사랑할 수 있는 상태를 만들어나가자. 그것이 바로 진정한 자기중심적인 사랑이다.

연락은 애정을
가늠하는 척도

연애할 때 가장 중요한 것이 바로 연락이다. 이 문제로 많은 연인들이 갈등을 빚는다. 아무리 바빠서 연락이 어려울 것 같더라도, 이따 연락하겠다는 의사 정도는 전달해줘야 한다. 시시콜콜한 상황 보고처럼 느껴질지 몰라도, 상대에겐 이 사소한 연락이 애정을 가늠하는 척도기 때문이다. 상대는 당신의 안부를 궁금해하기보다 일상을 공유하려는 모습 자체를 원한다. 대화를 단순히 정보 교류의 수단으로 여기지 않고, 또 다른 사랑의 형태로 여기는 것이다.

연락을 잘하는 것은 연애의 기본이다. 별거 아닌 것처럼 보여도 시간을 내 연락하기란 쉬운 일이 아니다. 마음에서 우러나온 관심이 있어야, 이 사람이 내 인생의 가장 우선이라는 기준이 잡혀 있어야 매번 연락할 생각을 잊지 않는 기질이 발휘된다.

　때맞춰 연락을 잘하는 사람은 함께하지 않을 때 오히려 든든하다. "뭐하고 있다, 어디 간다"라는 식의 일상적인 대화를 통해 상대를 애태우지 않는다. 애인을 구속하는 속 좁은 사람처럼 보이지 않도록 더 세심하게 배려하기도 한다. 문자보단 전화로 전화보단 영상통화로, 일정을 끝냈을 때 보고 싶었다는 마음을 전한다. 연락 문제로 전혀 속 썩지 않았는데 다음에는 더 잘하겠다는 감동을 선사하기도 한다.

　무엇이든 그냥 돈독해지는 것은 없다. 존중과 사랑으로 꾸준히 보살펴줘야 한다. 소소한 관심이 어떤 선물로도 대체할 수 없는 감동을 주지만, 방치되면 신뢰를 잃은 사랑은 어떠한 노력으로도 돌이킬 수 없다.

　그러나 사실 이러한 생각도 어느 부류의 의견에 지나지 않을 수 있다. 누군가에게 사랑은 소소한 관심 대신 다른 무언가로 해석될 수 있다는 뜻이다. 아무리 "연락 잘해줘!"라고 외치고 달래도 성향이 다른 이들에겐 여전히 이해하기 어려운 문제일 수 있다.

그럼에도 그 사람과 헤어지고 싶지 않다면 다음과 같은 방법을 제안한다.

먼저 저절로 연락하게 하는 법이다. 연락하는 행위는 단순히 말을 주고받는 과정이라 생각할 수 있기에, 공감 능력이 떨어지는 이들이라면 필요성을 느끼지 못할 수 있다. "연락 좀 해줘"라는 질문에 "굳이 해야 해?"라는 반문이 올 것 같을 때는, 동기가 유발되도록 대화의 방식을 바꾸는 수밖에 없다.

이를테면 답장이 오지 않더라도 한사코 기다리기. 그 사람이 연락하지 않으면 똑같이 하지 마라. 연락을 못 본 척하면 똑같이 못 본 척하라. "뭐해?", "바빠?" 같은 연락이 먼저 올 때까지 끝까지 기다려라. 관심이 식은 게 아니라 그저 성향 자체가 연락에 연연하지 않는 것이기에 대화는 이어지게 되어 있다. 이때 우리는 매달리지 않음으로써 감정을 잘 다스릴 수 있다.

이는 동기 비슷한 것을 유발시켜 상대의 반응을 이끌어내는 과정이다. 달라진 말투와 대화 방식으로 호기심을 자극시키는 것. 어디까지나 미봉책이라는 말이다. '연락에 대한 가치관에 변화가 없는' 상태에서 나에게 유리한 쪽으로 방향을 틀었을 뿐이라고 할까. 안타깝지만 성향이 다른 사람과는 넘지 못할 벽이 있다. 이별보다 일시적으로 나은 선택이 있다면 위와 같은 방법을 추천하고 싶었을 뿐이다.

기왕이면 연락의 성향이 나와 맞는 사람을 만나자. 연락 문제로 골치 아픈 상황 자체를 만들지 않는 사람, 어떻게 하든 시간을 내 연락하고 표현하고 사랑하는, 동류의 사람과 사랑하도록 하자.

표현하고
또 표현하라

당신을 사랑하는 사람은, 사소한 것으로 쉽게 서운해하지만 사소한 것으로 곧잘 감동받기도 하는 존재다. 그들에게 사소한 것은 '보잘것없이 작은 것'이 아니라 '일상에서 빠질 수 없는 소중한 것'이다. 당신을 사랑하는 그 사람은 여러 표현을 통해 줄곧 강조해왔다.

사랑은 마음이면서 표현이다. 마음은 꺼내어 보여줄 수 없으니 표현이 동반되어야 한다. 표현의 부재는 무관심으로 관계의 단절로 연결될 수 있다. 표현하지 않은 마음과 마음 없는 표현. 둘 다 싫지만 형식적이라도 표현해주는 사람에게 끌린다. 저절로 사랑이 전해지길 바라는 수동적인 태도만큼 이별에 가까운 건 없다.

사소한 것부터 구석구석이 감동을 주는 사람이 되자. 몸짓, 눈짓, 말투, 행동에서 상대를 위한다는 느낌이 오도록, 감정 표현은 되도록 티 나게 하는 것이 좋다. 오직 내 편이라는 인식이 확신이 되어 서로가 서로를 보살필 수 있도록 표현은 아끼지 않은 것이 좋다. 그렇다면 어떻게 해야 할까? 상대의 마음을 파악하기란 여간 어려운 일이 아니다. 여러 경험을 통해 얻은, 감동 주는 방법을 소개해 본다.

1

상대의 관점에서 상대가 원하는 바를 충족시켜주기

이를테면 연인이 걱정거리를 털어놓았을 때 상대가 바라는 것이 무엇인지 알아야 한다. 조언인지 격려나 위로인지 구분할 줄 알아야 한다. 요즘에는 세상이 좋아져 분석 자료도 꽤나 다양하다. 그런 자료를 참고해 "이렇게 해보는 건 어떨까?" 하고 다정하게 조언을 건넨다면 완벽할 것이다.

비슷한 예시로 연인이 "나 사랑해?"라고 물었을 때

머뭇거리지 말고 그렇다고 답할 줄 알아야 한다. 한참 망설이는 것부터 조금 서운할 수 있기 때문이다. 근사한 이유를 대기 위해 늦었다는 변명도 필요없다. '사랑하는 데 이유가 없다는' 뉘앙스를 담아 반사적인 "응, 사랑해"로 답하자. 다소 형식적일 수도 있지만, 이를 묻는 연인도 애초에 형식적이되 신속한 답을 원하는 거니 아무렴 상관없다.

2
세심히 챙겨주기

잘 알고 있지만 너무 당연해서 실천하지 못한 행동에 관심을 가져보자. 배려심 가득한 눈으로 보았을 때 비로소 알 수 있는 것. 여러 가지가 있을 수 있다. 함께 길을 걸어도 차도가 있는 쪽이 아니라 안쪽으로 걷게 하는 배려심, 약속 장소에 애인이 늦게 도착했을 때 "나도 이제 방금 도착했어"라고 안심시켜 주는 마음 등 일상생활 속에서 사소한 감동을 줄 줄 알아야 한다.

아울러 별일 아닌 날에 특별한 선물을 할 줄 안다면 더할 나위 없다. 꽃다발이나 손편지를 건네면 사랑하는 마음은 극대화된다. 사소한 가치들을 돌볼 줄 알면서도 그에 걸맞은 감동을 선사하는 것. 결국 표현이라고 하는 건 예쁜 말이나 칭찬에 국한되지 않는다. 그것은 내 모든 진심을 그대로 전달하는 정직한 행위다.

집중하는 모습이
가장 매력적이다

　주변을 둘러보면 누구나 인정하는 매력적인 사람이 있다. 그런 사람들은 분위기를 밝게 만드는 에너지가 있고 그 에너지를 다른 사람에게 기분 좋게 전할 줄 안다. 힘들거나 어려운 일도 금방 털어내고 상처를 받아도 거기에 오래 머물지 않는다. 자존감이 높아 인간관계에서도 스스로를 과하게 낮추거나 타인의 눈치를 살피지 않는다. 사랑에서도 마찬가지다. 상대에게 집착하거나 상대를 질투하지 않는 모습은 그들을 더욱 매력적으로 만든다.

　그렇다면 매력은 자라난 환경과 타고난 성향으로 생겨나는 걸까. 물론 아니다. 환경이 그리 좋지 않았어도, 성향이 무조건 밝지 않아도 자신만의 고유한 매력을 키울 수 있다. 자존감을 높이고 안정적인 정서를 만드는 노력을 게을리하지 않으면 된다. 그러려면 어떤 노력이 필요할까?

1

삶의 가치를 나 자신에 두자

자기 일에 집중하고 꾸준히 자기계발을 하는 식으로 내 인생을 잘 꾸려나가면 사람들의 시선에 그리 연연하지 않게 된다. 사람들이 좋아할 만한 무언가를 위해 살지 말고, 그들이 내 본모습에 반해 내 곁에 오래 머물 수 있도록 스스로를 가꿔야 한다. 사랑과 돈은 좇을수록 도망간다고 하지 않나. 먼저 다가서는 게 아니라 찾아오게끔 만들자. 구태의연한 방식으로 하는 어필은 안 하느니만 못하다.

일할 때는 프로처럼 완벽을 추구하고 여가에는 운동이나 공부로 자기계발에 힘쓰자. 나라는 사람 자체를 발전시키기 위해 매순간 노력하라. 자기계발에 집중하면 다른 사람의 시선을 의식할 여유조차 없다. '저 사람이 나를 좋아할까?' 같은 생각을 하지 않으니 표정에서 여유가 저절로 나온다. 매력은 나의 시선이 아닌 타인의 시점으로 정의된다. 타인의 눈에 누구도 동경하지 않고 부족함 없이 자란 사람으로 비치게끔 스스로 빛나는 가면을 쓰길 바란다.

2
속내를 보이지 말자

절친한 사이를 제외한 사람들에게는 친절한 태도로 일관하되 필요한 말과 모습만 보여주자. 나의 전부를 보여주는 것이 진솔하고 털털한 모습이라 생각하지 않아도 된다. 사람은 본능적으로 타인의 흠을 찾는 데 일가견이 있다. 자신이 어떤 말과 행동을 했을 때 매력이 잘 보존되는지 알고 상대와 맞지 않는 부분이라 인식될 만한 요소를 감출 줄 알아야 한다.

이성을 대할 때도 나만의 기준이 있으면 좋다. A와는 어느 정도 거리를 두고 만나고, B에겐 개성 있는 모습을 더 보여주듯 말이다. 최대한 많이 만나보며 관계의 대처

방안들을 세워둔다면 놓치고 싶지 않은 사람을 만났을 때 수월하게 그 사람의 마음을 사로잡을 수 있다.

3
상대의 장점에 반응해주자

외적인 매력은 시대에 따라, 사람에 따라 달라지기 마련이지만, 타인과 주고받는 감정의 교류는 절대 유행을 타지 않는다. 이때 중요한 것이 칭찬과 맞장구, 미소 띤 표정으로 이른바 리액션이라 불리는 행동이다. 사람은 누구나 자신을 인정해주고 말을 잘 들어주는 사람에게 매력을 느낀다. 칭찬을 받거나 웃음을 이끌어내면 상대에게 더 잘 보이고 싶고 약간의 설렘까지 느낀다. 그러므로 사소한 부분도 그냥 지나치지 말고 칭찬하고 치켜세워주자. 잘 웃는 사람에게는 "너랑 있으면 항상 즐거워"와 같은 감정을 살린 표현을 해주면 좋다. 단순히 웃는 모습이 예뻐서가 아니라 예쁜 너를 이토록 오래 관찰하고 있음을 인지시켜주는 것이다. 이처럼 매력 있는 사람을 보면 대부분 칭찬에 인색하지 않다.

내가 나를 존중해야
상대도 나를 존중한다

연애할 때마다 을이 되거나 자존감이 하락하는 사람들이 있다. 물론 원해서 그런 것은 아닐 것이다. 본인의 문제를 잘 알고 있는 그들은 책도 읽고 영상도 찾아보면서 나름대로 노력하기도 하지만 실제 관계에서는 어김없이 스스로를 낮추고 만다. 자존감이 낮아지는 자신을 책망하면 책망할수록 더더욱 위축된다. 이 악순환에서 벗어나야 한다. 나의 상태를 객관적으로 진단하고 개선해나가려면 전문적인 도움이 필요하므로 여기서는 공감을 통해 생각의 방향을 바꾸는 방식 정도만 말하려 한다. 습관적인 '안 된다'가 아니라 '될지도 모른다'로 앞으로의 삶을 계획해나가길 바란다.

1

본인 매력을 등한시한다

이들은 타인의 장점을 짚어내고 치켜세울 줄도 안다. 그러나 쓸데없이 겸손한 구석이 있다. 남을 존중하고 자기를 내세우지 않는 태도가 미덕이라고 하지만 무작정 겸손한 것은 역효과를 불러오기도 한다. 게다가 겸손이 반복되다 보면 억울한 마음이 올라온다. '나는 이렇게 조심하는데 당신은 왜 그렇게 하지 않아?'라는 생각이 생겨나는 것이다. 혹은 '내가 그렇게 매력이 없나?'라는 식으로 열등감에 사로잡히기도 한다. 마음의 여유가 없어지니 자존감은 바닥을 친다. 타인의 장점을 잘 포착하는 만큼 자신의 단점을 극단적으로 비난한다. 건강하지 못한 자의식은 끊임없이 대립해 자기 비하로 이어진다.

'비교의식—열등감—마음의 가난'으로 이어지는 고리가 문제다. 타인과 나의 장단점을 비교하는 습관 자체를 끊어내야 변화가 시작된다. '나는 그 누구와도 비교할 수 없는 존재이며, 생각보다 괜찮은 사람이다"라는 생각을 의식적으로 되뇌자. 정신적인 위기 상황에 직면할 때마다 긍정을 소환하자. 근거가 없어도 괜찮다. 비교하지 않음으로써 저평가된 장점은 온전히 보존된다. 자연스럽게 자존감도 높아지는 결과를 체험할 수 있다.

2
잡생각이 너무 많다

자존감이 낮은 사람은 상대가 예쁘다 말해주면 "나를 왜 예뻐해주는 거야? 그냥 하는 소리면 집어치워." 같은 정떨어지는 말을 하기 일쑤다. 그러다 상대가 질려서 떠나면 "그러면 그렇지"라고 합리화한다.

사람이 사람을 좋아하는데 이유 같은 게 필요할까. 타인이 건네는 칭찬에는 고맙다고 대꾸하거나 미소를 보내주면 될 일이다. 굳이 이유를 찾고 싶다면 그 궁금증은 내색하지 말고 담아두기만 하자. '이유 모를 호감은 마치 싹 같은 거야. 꽃으로 피어나 누가 봐도 이해 가는 사랑으로 자랄지 모르겠다'라는 식으로 근거 없는 행복을 장기 투자하듯 묻어두자.

불필요한 생각은 연애 도중에서도 관찰된다. 답장이

늦게 오면 무작정 휴대폰만 붙잡고 있고, 성의 없는 답장이 오면 반복해 읽으며 온갖 의미를 부여한다. 상대의 일거수일투족을 주시해 결국 신뢰에 금이 가도록 한다. 연락이 늦거나 답장이 성의 없다면 바쁘겠거니 생각하자. 만약 그런 태도가 반복된다면 쓸데없는 짐작으로 스스로를 괴롭히지 말고 연인과 제대로 대화하며 풀어나가는 것이 옳은 방식이다.

3

헤어지는 것조차 자기 탓을 한다

만나고 헤어지는 일은 자연스러운 것이다. 자존감이 낮은 사람들은 이별의 원인을 유독 자신에게서 찾는 경향이 높다. 헤어지게 된 다른 여러 요인이 있을 텐데 그런 것들은 사소하게 치부하고 본인만 엄하게 나무란다. 특히 옆에서 자존감을 높여줄 연인마저 없으니 자기 비난은 끝없이 이어지고 우울과 부정적인 사고가 커져간다. 이 상태가 심각해지면 일상에 지장을 초래하고 대인관계에 어려움을 겪기까지 한다. 그렇다면 어떻게 해야 할까? 헤어

짐과 동시에 관련된 모든 생각을 지워버리는 것이 최선이 아닐까 싶다. '이별? 할 수 있어. 내 탓도 있겠지만 그게 다는 아니겠지'라고 생각하며 끝난 상황에 대해 책임을 회피하는 태도를 취하자. 아울러 불필요한 생각을 하지 않기. 끝난 관계에는 쉼표가 아니라 마침표를 찍고 인생의 다음 장으로 넘어가자.

낮은 자존감은 연애는 물론 사회생활에도, 일상에도 도움이 되지 않는다. 상황이 어찌 되었든 조금씩 벗어날 수 있기를 바란다. 결국에는 내가 나를 존중해야 사랑하는 상대도 나를 존중하는 법이다. 당신은 스스로에게도, 타인에게도 존중받아 마땅한 사람이다.

잘 싸우고
더 사랑하기

연애한다고 해서 내내 행복하기만 하진 않는다. 서로 다른 환경에서 지내온 서로 다른 성격의 남녀가 만났으니 반드시 부딪히기 마련이다. 최대한 평화로운 방법으로 행복만을 추구하는 연인도 있겠지만 대부분은 많은 갈등을 겪는다. 그리고 작은 불씨 때문에 서로를 상처 입히고 헤어지기까지 한다. 서로를 좋아할 줄만 알았지 다소 애정이 식었을 때 마음에 안 드는 부분에 대해 의견을 조율할 줄 몰라서 빚어지는 결과다. 이런 상황을 피하려면 평소에 합리적으로 잘 싸우는 방법을 알아둬야 한다. 연인 간의 다툼은 필연적으로 발생하는 것이라 인정하고 건강한 갈등 해결을 통해 더 나은 관계로 거듭나도록 하자.

1

일어난 일에 대해 잘잘못을 따지지 않기

어떤 문제가 불가피한 사정으로 발생했다면 누구 잘못이 더 큰지는 중요하지 않다. 다툼으로 번진 것에 대한 책임은 모두에게 있기 마련이다. 연락 문제로 다투게 됐다면 서운한 감정만을 앞세워 너도 한번 당해보라는 식으로 구는 것이 아니라 "이런 문제 때문에 내가 스트레스 받는데 고치면 안 돼?"라고 요청하는 것이 우선이다. 그래도 변하지 않는다면 다른 방법을 강구해도 늦지 않다.

문제를 크게 부풀려 생각할 필요는 없다. 사안이 그리 심각하지 않다면 가볍게 인정하고 묵인하는 태도도 필요하다. 문제를 크게 생각하는 시간에 방지책을 마련하는 일에 집중하는 편이 현명하다. 앞으로 같은 갈등이 일어나지 않게 하기 위해 서로 의견을 주고받으며 합의점을 찾을 줄 알아야 어른의 연애라 할 수 있지 않겠는가.

2

감정이 격해질 때는 잠시 거리 두기

아무리 마음을 잘 컨트롤해도 사람인지라 감정적이 되는 순간이 있다. 그럴 땐 감정을 상하게 하는 발언을 내뱉어 대화를 망치지 말고 각자 시간을 갖는 편이 이롭다. "그런 점이 서운했겠네. 나의 이런 점은 어른답지 못했어"라고 하며 상대 입장을 충분히 공감한다. 그러다 보면 객관적으로 내 처지를 설명할 여유도 생긴다. 무엇보다 이 싸움의 목적이 관계를 망치기 위한 것이 아닌, 더 나은 관계로 거듭나기 위함을 잊지 않을 수 있다. 다음에 또 다투더라도 성숙하게 대처할 수 있게 되는 것이다.

한 가지 주의해야 할 점이 있다면 '아주 잠시'라는 타이밍을 꼭 지켜야 한다는 것. 오해가 오해를 빚지 않도록, 토라져서 먼저 화해의 손길을 기다리고 있다는 인상을 심어주지 않도록 말이다. 시간을 오래 끌지 않고 메시지나 전화로 대화를 요청하자. "미안해. 그럴 의도는 아니었는데, 내 생각이 짧았어. 시간 괜찮으면 만나서 대화해도 괜찮을까?"해도 정도면 충분하다.

연애하기 전에
알아두면 좋은 것

1
내 마음이 전부가 아니다

상대가 나에게 호감이 있어야 끈질긴 구애도 소용 있는 법. 막무가내로 노력한다고 해서 마음이 통할 거라는 생각은 버려야 한다. 손뼉도 부딪쳐야 소리가 난다지만 일방적인 경우라면 성립할 수 없다. 그것은 일종의 폭력이다. 더욱이 상대가 마음을 굳게 닫았을 때 억지로 열려고 하면, 오히려 상처를 주는 행동이 될 뿐이다. 무작정 좋아한다고 해서, 소위 누군가에게 호감을 살 만한 행동을 했다고 해서 모든 문제가 해결되는 건 아니다.

2
__
그 사람이 좋아할 만한 모습을 보여줘라

관계가 진전될 가능성이 있다면 상대가 관심을 가질 만한 행동을 보이자. 그 사람이 무엇을 좋아하는지, 취미는 무엇인지, 가치관이 어떻게 되는지, 가볍지만 진중한 자세로 알아갈 필요가 있다. 혹은 그 사람이 나를 왜 마음에 두고 있는지 그 이유에 대해 고민해봐도 좋다. 무엇보다 '그 사람을 어떤 태도로 대해야 이 관계가 행복해질까?'를 생각해보면 어떠한 행동을 취할지 명확해질 것이다. 물론 매너와 친절한 인상, 기본적인 예의와 배려는 기본 중의 기본이다.

3
__
안 될 인연임을 인정하라

호감을 가지고 만나는 사이라고 해서 반드시 이어지는 건 아니다. 잘될 수도 있고 안 될 수도 있다. 너무 상심하지 말고 인연이 아니라 생각하자. 한평생 좋아한 것도

아닌데 얼마 안 되는 시간을 붙잡고 슬퍼하는 일이 알고
보면 얼마나 우스운가. 그러다 새로운 인연을 만나면 언
제 그랬냐는 듯 잊을 거면서 말이다. 나와 맞는 짝을 찾아
행복으로 가는 여정이라 생각하자. 잘 안 되면 왔던 길을
돌아서 다른 길로 가면 된다.

4
김치 국물부터 마시지 마라

좋아하는 사람과 사귀는 데 성공했을 때 어떤 다짐이
나 각오를 되새기는 경우가 있다. 이를테면 "얘와는 좀 진
득하게 만나보려고!", "이번에는 좀 느낌이 달라"라면서
그때의 관계를 특별한 만남인양 한껏 포장하곤 한다. 하
지만 기대가 크면 실망도 크다고 했다. 관계가 엎어지면
내뱉은 말만큼 쓸쓸함을 주워담아야 할 것이다. 그러므로
그때그때 마음의 크기에 걸맞은 사랑이면 된다. 초기 연
애는 조금 특별한 인간관계일 뿐이다. 다른 사람들과 다
를 바 없이 대하면서 각별히 챙겨주는 정도면 충분하지
않을까 싶다.

5

자꾸 실패한다면 자신을 점검하라

이유를 한 가지로 꼽기 어려울 만큼 전체적으로 부족하다 생각하면 된다. 계속 비슷한 이유로 만남에 실패한다면 더더욱 그렇다. 할 일에 열중하면서 자기 관리에 몰두하라. 이전과 확연히 비교가 되도록 변화를 줘라. 조금 더 구체적으로 말하면 누군가와 자연스럽게 만남이 성사되는 환경을 조성하라는 뜻이다. 옷을 깔끔하게 입고 구석구석 청결 상태를 점검하고, 기본적으로 향수 몇 개 정도는 갖춰라. 지금 내 상태로는 어림도 없다는 것을 잘 알았으니 돈과 시간을 적절하게 써야 하지 않을까. 솔직한 말로 외모가 수려하지 않다면 노력으로 메꿔야 한다.

나 자신을 바꾸는 일환으로, 공감을 잘하는 방법에 대해 알아두는 것도 좋다. 우연히 대화를 튼 상대에게 성급한 호감 표시 대신, 가벼운 호의와 무심한 배려를 건네거나 웃는 모습을 유지하는 것. 일상적인 이야기를 나누되 적당히 유머를 섞는 것. 그러면서도 일에 집중하는 모습을 보여주면 좋다. 이를 머리로만 기억할 게 아니라 여러 경험을 통해 몸으로 습득할 줄 알아야 한다. 물론 오랜 시간이 필요할지 모르지만 그럴 만한 가치가 충분하다.

이런 사람과는
반드시 헤어질 것

1
직업이 벼슬인 줄 알고 타인을 무시하는 사람

사원증을 마패 여기듯, 만나는 사람마다 "나 이런 사람이야"라고 증명하려 드는 사람, 높은 연봉이나 사회적으로 인정받는 것을 만능으로 착각하는 사람은 피하는 것이 좋다. "연애할 때 그게 뭔 상관이냐. 나에게만 잘하면 되지 않느냐?"라고 생각할 수 있겠지만, 이런 사람들은 모든 관계를 비교의식을 기반으로 하는 것이 특징이다. 둘 사이에 차이가 현격할 때 상대를 괄시하거나 자기보다 못났다 싶은 사람은 무시할 확률이 높다.

2
미성년 시절이라도 가해 경험이 있는 사람

학교를 졸업하고 직장인이 되면 대부분 과거를 잊고 지낸다. 먹고사는 게 바쁘기도 하거니와 더 이상 철없는 생각은 하지 않기 때문이다. 연인 관계에서는 더더욱 티 내지 않기 마련인데, 드러나는 순간이 종종 있다. 술자리 같은 때 흥에 취해 긴장이 풀어진 모습을 잘 살펴보자. 가령 학창 시절 친구를 따돌린 일화를 언급하면서 마치 친한 친구를 회상하듯 아련하게 떠올리는 모습에서 실체를 파악할 수 있을 것이다.

3
자기 자존심만 내세우느라 대화가 안 통하는 사람

속마음을 잘 표현하지 못한다면서 수틀리면 분노를 폭발하는 사람이 있다. 문제는 해결 의지는 없다는 것. 제대로 된 대화를 요청하면 문을 걸어 잠근다. '의견 다툼─대화─조정'의 과정을 거치는 것이 정상인데, '의견 다툼

—마찰—잠수'로 사람을 피 말린다. 대화 좀 하자고 하면 "넌 그것 말고 할 말이 없어?"라고 몰아세우고, 잘못했다고 하면 "그게 잘못한 사람 태도야?"라면서 자신의 서운함을 지워지지 않는 상처인 양 치켜세운다. 기분 나쁘게 한 죄로 반성하라는 태도가 지나치게 이기적이다. 이런 사람은 최대한 얽히지 않는 것이 좋다.

4

다툴 때 언성을 높이고 때리는 시늉하는 사람

본인의 요구사항이 관철되지 않으면 언성을 높여 상대를 기죽이는 사람, "너는 그저 나에게 예쁜 말만 해줘"라고 하면서 본인 기분만 챙기는 사람들이 있다. 대화보다는 경고, 교감보다는 강요의 방식을 택하는 사람들이다. 그들은 자기 심기를 건드리지 말라고 선심을 쓰듯 말한다. 정신적 폭력을 일삼는 것은 물론이고 마음에 들지 않은 내용으로 대꾸하면 때리는 시늉까지 한다. 간혹 자신은 화가 날 때 물건을 던지지 폭력은 쓰지 않는다고 하는 사람이 있다. 개그맨 신동엽은 〈안녕하세요〉라는 방송

프로그램에서 이러한 얘기를 하는 남편에게 "때리지 않았다며 자랑스럽게 얘기하는데 시선과 언어도 폭력이다. 얼마나 상처인 줄 아냐"라고 말한 적이 있다. 패널로 출연한 홍석천도 거들었다. "아내를 때리고 싶다는 마음을 우회적으로 표현한 거다. TV를 부순 건 아내를 부순 거나 똑같다." 정신적, 심리적으로 압박을 주는 강제는 폭력과 다름없다.

5
열등감으로 똘똘 뭉쳐 있는 사람

자존감을 관계에서 찾는 유형이다. 무슨 말을 못 하게 한다. 별 의미 없이 한 말에도 "지금 무시하는 거야?"라며 날을 세운다. 이를테면 직장인과 취업준비생 커플에서는 열등감을 둘러싼 문제가 어김없이 생긴다. 취준생은 처음에는 데이트 비용을 더 내는 상대에게 감사를 표현하다가 언젠가부터 '내가 돈 좀 못 번다고 나를 무시하나'라고 생각한다. 그래서 괜한 짜증과 서운함을 표출한다. 이밖에도 열등감은 다양한 방식으로 드러난다. 분명한 것은 열등감이라는 감정은 100퍼센트 자기의 문제라는 것이다. 자기가 해결해야 할 감정을 타인에게 드러내 관계를 어그러뜨리지 말자. 성인이라면 부정적인 감정은 스스로 처리하고 성숙하고 어른스러운 관계 맺기를 할 줄 알아야 한다.

6
나쁜 소문 내고, 본인은 피해자인 척하는 사람

헤어지고 나서 주변에 얽힌 사람들에게 좋지 않은 소문을 퍼트리는 사람이 있다. 작은 일을 과장해서 안 좋은 점만 부각해 일일이 강조한다. 본인은 선량한 척하면서, 오직 한쪽 의견만 들을 수 있도록 철저하게 정치질한다. 연애하다 보면 둘만 알고 있는 비밀이 당연히 생긴다. 믿고 의지하는 가장 가까운 사람에게 털어놓은 얘기를 헤어졌다고 다른 이들에게 안줏거리처럼 풀고 있는 모습은 썩 보기 좋지 않다. 그 사람이 어떻게 묘사되는지 상관없이 순간의 즐거움을 위해 타인의 이야기를 가볍게 입에 올리는 사람은 멀찌감치 거리를 두어야 한다.

회피 성향의 연인은
이렇게 대처하라

　사랑하는 사람이 회피 성향이라면 어떻게 할 것인가? 회피 성향의 연인과 제대로 소통하는 법을 고민해본 적이 있는가? 물론 자세한 내용은 전문적인 자료나 상담을 통해 파악하기로 하고 주변 경험에서 우러난 현실적인 조언 정도로 아래의 내용을 참고하면 좋겠다.

1

답은 정해져 있다

　"다툼은 단절이 아닌 소통이다. 대화를 통해 풀어나가야 한다"라는 말은 일견 옳은 듯 보여도 누군가에겐 틀린 말일 수 있다. 연애의 통념처럼 여겨지는 것들을 꼭 따라야 할 필요는 없다. 각자의 생각과 가치관이 다르듯 회피 성향을 띠는 이들에게 다툼이란 불행 혹은 트라우마일 수 있다.

그들을 최대한 존중하는 방법은 무엇일까. '저 사람은 왜 저럴까?'라고 생각하기보다 '저 사람은 그렇구나.' 하고 넘겨라. 이때 나 자신을 존중하는 태도 역시 필요하다. 맞지 않는 사람과는 일찌감치 헤어지고 맞는 사람을 찾아가는 것이다. 사람은 자신과 잘 통하는 사람과 있을 때 비로소 행복할 수 있다. 그러려면 회피 성향의 사람을 단번에 알아보는 안목도 필요하다. 회피 성향의 사람을 한번 경험하고 나면 피해갈 수 있는 지혜가 길러지긴 하지만 리스크가 크다. 연애 초반에 많은 대화를 통해 파악해내는 수밖에 없다.

2

사람은 고쳐 쓰는 게 아니다

긴 연애로 정이 남아 있거나 회피 성향인데도 상대의

매력에서 빠져나올 수 없는 경우면 내가 조금만 노력하면 바뀔 거라 생각할 수 있다. 그러나 과신은 금물이다. 사람을 바꾸는 것은 불가능에 가깝다. 물론 변화의 의지가 확고하고, 변하는 과정에서 어떠한 투정도 받아들일 준비가 되어 있으며, 매순간 어르고 달래며 부모의 마음으로 대한다면 달라질 여지도 있다. 쉽지 않겠지만 말이다.

　　그러나 사랑은 있는 그대로 존중하고 애정을 느꼈을 때 비로소 표현하는 것이다. 단지 그뿐이다. 헌신이나 희생 같은 부가적인 요소에 의해 사랑이라는 감정이 생기지는 않는다. 사랑의 깊이를 헤아릴 수 없을 때 한량없는 마음으로 헌신과 희생을 실천할 순 있긴 하겠지만 흔한 일은 아니다. 그러니 소모적인 일에 에너지를 낭비할 필요는 없다. 애초에 바뀔 사람이었으면 이런 상황이 일어나지도 않았을 것이다. 사람은 고쳐 쓰는 것이 아니므로 잘 고쳐진 사람을 만나라는 말이 괜히 있는 게 아니다. 애초부터 잘 맞는 사람과 사랑하는 것이 낫다.

3
더 좋은 인연을 기다리자

힘든 연애를 하느라 당신 참 힘들었겠다. 참 많이 애썼다. 사랑을 잊는 것조차 쉽지 않았을 텐데 그럼에도 잘 해내는 당신이 자랑스럽다. 사랑할수록 비참해지고 그 사람을 잊지 못해 울적한 밤이 길었어도, 그런 당신이라서 새로운 사랑도 잘 해내리라 믿어 의심치 않는다. 다만 당신이 제대로 된 이별을 할 수 있다면, 자존감을 회복할 수 있다면 좋겠다. 괴로운 경험이라 해도 그게 거름이 되어 좋은 나를 만들 것이다. 좋은 나라면 좋은 사람을 만나는 법이니 아무쪼록 마음을 잘 정리하길 바란다.

연애,
꼭 해야 하는 걸까?

요즘 "너는 연애 안 해?"라는 질문을 받으면 언제나 같은 답을 내뱉는다. "삶에 치여 다른 데 신경 쓸 여력이 없어." 현재 나는 목표한 바를 이루는 일에 혈안이 되어 있다. 머릿속은 일 생각으로 가득 차 낯선 손님을 들일 여력이 없다. 누군가 마음에 들어온다고 해도 온전히 상대에게 집중할 자신이 없다. 연애를 할 수도 없는 처지고, 할 마음도 그다지 없다.

하지만 사람들은 내 답을 듣고도 또 묻는다. 곁에 아무도 없으면 외롭지 않느냐고. 인간은 존재부터 고독한 생물이다. 누구나 외로움을 안고 살아간다. 연애를 하지 못해 외로운 게 아니라 인생 자체가 고독한 돛단배다. 나는 외로움에도 깊이가 있다고 본다. 단순히 곁에 누군가 있다고 해서 외로움을 느끼지 않는 건 아니다. 자아 성찰 혹은 탐구를 통해 '내가 무엇을 원하고 무엇이 되고 싶은지' 명확한 답이 서지 않는 상태라면, 누구를 만나도 본질적인 고독에 직면할 뿐이다. 연인과 함께 시간을 보내는 일은 단지 표면적인 외로움을 충족시켜줄 뿐 상대와 내가 가치관 혹은 고독의 깊이에서 타협할 수 없는 평행선을 그린다면 외로움은 항상 함께할 것이다.

그렇다면 표면적인 외로움을 어떻게 해소해왔느냐고 사람들은 또 묻는다. 단순히 대화가 필요한 경우에는 사람들을 만났고, 낭만에 젖고 싶을 때는 밤길을 걸었다. 사랑 자체에서 결핍을 느껴본 적은 별로 없었다. 반려동물과 정을 붙이며 사는 이들을 보며 대상은 중요하지 않다고 생각하기도 했다. 아무렴, 사랑의 본질은 변하지 않으니까. 어떤 존재든 그 속에서 사랑하고 사랑받으면 된다 여기면서 말이다. 어느 날 설명하기 어려운 외로움에 휩싸인다면, 반려식물을 식구로 맞이하고 싶다는 생각은 했다.

물론 인생이 원하는 방향으로 진척되었을 때, 단짝처럼 편안하면서 있는 그대로 사랑스러운 사람을 만나고 싶긴 하다. 본질적인 외로움이 충족되었을 때, 이전과 상상할 수 없는 조건에서 사랑하고 싶다. 이를테면 인생 목표와 방침을 공유할 수 있는 사람을 만나, 마냥 놀고 즐기기보다는 돈과 인생의 이상향을 함께 찾아 나서고 싶다. 아무리 바빠도 사랑할 시간이 있는 것. 그 속에서 주체적인 삶을 건설하는 것. 하지만 지금 내 인생은 정착지 없이 긴 방황을 하게끔 나를 이끄는 중이다.

권태기에 빠진
친구에게 해준 조언

"요즘 좀 이상해. 갈피를 못 잡겠어."

"무슨 소리야?"

"그냥……. 애인과의 관계 자체에 고민이 많아. 편안하지만 설렘이 없는 연애가 분명 문제 있는 것 같은데 뭐가 문제인지 모르겠어. 군대에 다녀올 동안에도 잘 만났고 이제 둘 다 직장인이니까 결혼을 생각할 시점 아닌가. 혼인신고만 안 했지 가족과 다르지 않은데 말이야. 그런데 연애한다기보다 정 때문에 만나는 느낌이야."

"싸웠어? 헤어지고 싶은 거야?"

"아니야. 서로 너무 잘 알아서 요즘에는 싸울 일도 없어. 문제가 된다 싶으면 알아서 조심하거든. 연애와 각자의 삶이 균형을 찾은 상태라고 할까. 고된 날에는 구태여 위로를 하지 않아도 함께 있는 것만으로 힘이 돼. 아니 정확히 말하면 그 사람으로 인해 안정감을 느껴."

"마음이 식진 않았는데 붕 뜬 상태다 이거지?"

"응, 걔는 몰라. 나만 괜찮아지면 된다는 생각이 들어서 조금 특별한 장소에서 이런저런 대화도 나눠봤는데 매한가지더라."

"권태기네. 연애하면서 할 법한 건 다 경험해봤기 때문이 아닐까. 뭘 해도 익숙한 기분이 가시지 않는 거지. 마음부터 환기하려고 드니 해결이 안 되는 것 같은데 내가 조언해줘도 될까? 네 행동을 보면 권태기를 지나치게 의식하고 해결하려 애쓰고 있는 것 같아. 가만히 있으면 무난히 넘어갈 감정인데 긁어 부스럼을 키우는 꼴이지. 익숙함이 질림으로, 편안함이 불안으로 작용하는 것처럼 말이야. 장수 커플의 최대 장점인 안정감이 최대 단점으로 바뀌었을 때 결코 극복할 수 없는, 둘 사이의 커다란 강이 생긴다고 하더라."

"그러면 어떡해?"

"솔직하게 털어놔 봐. 정말 좋아하는데 열병 앓듯 속

이 터질 것 같다면 말이야. 진중한 대화를 요청해. 어찌하면 좋을지 그 사람과 문제를 풀어나가보는 거야. 상대가 정말 너를 좋아한다면 진심으로 돕겠지. 한 가지 주의해야 할 점이 있다면 과도한 불안을 전가하지 않는 것. 고민을 적나라하게 토로하되 번복은 하면 안 돼. 똑같은 문제로 징징거리지 말라는 뜻이야. 내색하지 말기. 한숨과 함께 내뱉는 힘들다 같은 말은 자제하도록 해. 극복하고 싶다는 말도 되도록 자제하고 말이야. 마음가짐부터 말과 행동까지 진심으로 노력하는 거야. 변화하는 모습을 행동으로 보여주면서 아무렇지 않은 척하는 것. 그 사람의 마음을 안심시키는 것이 중요해."

"그렇게만 하면 충분할까?"

"지나가듯 건넨 말 한마디를 기억해뒀다가 나중에 언급해주면 좋겠지? 권태기 때는 사소한 걸로 이유 없이 속상하고 트집 잡아 싸우거든. 그때마다 조목조목 짚어주며 잘 얘기하도록 해. 다정한 태도를 유지하는 게 포인트야. 연애 초기처럼 각별하게 붙어서 챙겨주면 좋고. 이 시기를 잘 넘기고 싶다는 의지를 은연중에 보여줌으로써 불안과 위기의식을 잠재우는 거야. 그러다 보면 권태기를 잘 넘기는 동시에 '이런 매력이 있었나?'라면서 새롭게 반하는 계기가 될지 모르잖아."

"고마워. 네 조언이 도움이 된다."

"내가 얘기한 건 해결책이라고 하기보다 행동 방침에 가까워. 그 사람에게 내 마음이 이렇다는 걸 공유하고 도움을 요청하는 것, 아직까지 좋아하고 헤어지고 싶지 않다는 걸 보여주는 것, 함께 불안할 때 협동심을 발휘하여 그 수치를 줄이는 것. 그러한 과정에서 사랑이 더 깊어지지 않을까? 전환점이 되는 거지. 가족 같은 사이라서 더 행복할 수 있을 거라 생각해. 둘이 함께 이 시기를 잘 넘기면 사랑이 한층 깊어지리라 믿어."

잘 이별해야
다시 사랑할 수 있다

1
원상 복구되는 이별은 없다

사랑하는 사람이 이별을 고할 때는 그럴 수밖에 없는 여러 이유가 있다. 사랑을 계속 이어갈 의지가 없거나 몇 번 기회를 줬으나 아무 소용없다는 걸 알았을 때 주로 그렇다. 이별을 입 밖으로 꺼내기까지 고민에 고민을 거듭한 상태였기에 마음이 한번 닫히면 원상태로 돌아가기 어렵다. 한사코 붙잡아 늦출 순 있어도 처음의 마음은 이미 사라졌다고 봐야 한다. 이별을 막을 기회가 여러 번 있었을 테지만 이를 놓쳤거나 인지하지 못했으니 어쩔 도리가 없다. 후회하기 싫다는 심정으로 한 번 정도는 매달려봐도 괜찮지만 결과는 달라지지 않을 것이다. 그 결과가 못내 아쉽다면, 연락을 차단함으로써 앞으로 있을 고통으로부터 보호막을 치는 것만이 살길이다. 미련이 남아 후유증이 심각할 땐 각자 시간을 갖고 마음을 회복하는 데 전념해야 한다.

2
과도하게 매달리지 말자

흔히 실연한 사람에게 하는 말이 있다. "주식 계좌에 2천만 원만 넣어봐라. 그럼 원금 회수할 생각에 아무 생각도 안 난다." 물론 장난스럽게 하는 말이다. 매달리면 안 되는 진짜 이유는 따로 있다. 첫째, 애증의 대상이라 해도 헤어진 후에 연락은 하지 말자. 정상적인 연애를 했다면 이별을 말한 쪽도 상실의 아픔을 겪기 마련이다. 하다못해 옆이 허전하다 느낄 것이다. 그때 연락하면, 사랑하는 마음은 사라진 지 오래인데도 단지 누군가 있었으면 좋겠다는 마음으로 상대의 허전함을 채워주게 되고, 이후 더 큰 상실이 이어질 것이다.

둘째, 매달리지 않는 것이 역설적으로 상대를 붙잡는 방법이기도 하다. 이별을 통보받고 결과에 수긍하며 내 인생을 온전히 살아갈 때, 생각보다 의연한 모습을 상대는 의아하게 생각할 것이다. 물론 이 또한 진정한 관심이라 볼 수 없다. 예상치 못한 반응에 놀랐거나 약간의 배신감일 뿐. 그러한 마음을 사랑으로 착각해 다시 만난다 해도 결국 비슷한 이유로 헤어지기 마련이다.

3

사랑은 구걸하는 게 아니다

사랑에 목매기 싫어도 사람 마음을 스위치처럼 켜고 끄는 게 쉬울 리 없다. 함께한 시간이 아쉬워서라도 평상심을 갖는 게 쉽지 않을 것이다. 그렇다 해도 사랑을 구걸하는 행위는 삼가자. 사랑을 구걸하는 행위는 치졸하고 이기적이어서 상대에게 폐를 끼친다. 그러니 자기 자신을 낮춰가며 사랑에 목맬 필요는 없다. 내 마음이 나는 열렬하고 애틋하겠지만 받는 입장에서는 부담스러운 것은 물론 상대가 사랑에 집착하는 사람으로 보인다. 떠나간 버스와 마음 뜬 사람은 절대 돌아오지 않으니, 안 될 것을 뻔히 안다면 조금의 가능성이라도 헤아려보려 하지 말자.

4
미련을 버리자

열 길 물속은 알아도 한 길 사람 속은 모르는 법이라는 말은 연애에서도 마찬가지다. 즐거웠던 순간을 다르게 기억하는 것처럼, 헤어지고 한쪽은 절절해도 다른 한쪽은 무심할 수 있다. 아무 생각 없이 올린 상대의 SNS 게시물이나 온라인 메신저 상태 메시지를 보며 온갖 의미를 부여하고 있지는 않은가. 그 사람이 꿈에 나왔다고 해서 그 사람 꿈에도 내가 나왔을 거라 생각하진 않나. 평소라면 이성적으로 판단할 수 있는 상황을 괜한 미련에 눈이 멀어 헛된 기대를 가지고 시간을 낭비하고 있는 건 아닌지 냉정히 돌아볼 필요가 있다. 미련은 그저 미련일 뿐 어떤 상황에서도 도움이 되지 않는다. 이별의 상처로 어느 정도 힘들어했다면 이제 툭툭 털어버리고 내 인생을 살자.

사랑하는 사람에게
반드시 해주어야 할 말

사랑하는 사람아. 첫마디부터 당당히 사랑의 뜻을 전한다. 어떤 존재보다 당신을 몹시 아끼고 어여삐 여기고 있다고 자신할 수 있다. 앞으로 우리의 사랑이 점점 더 깊어져서, 어떠한 난관이 닥치더라도 이 두 손을 놓지 않는 데 쓰였으면 한다. 여행을 함께 다니면서, 편지를 주고받으면서, 소중한 기억을 만들어나가면서, 그렇게 매일 사랑의 의미를 되새긴다면 바랄 것이 없겠다.

가끔 당신은 나에게 이렇게 묻는다. "나의 어떤 점이 그렇게 좋아서 만나자고 한 거야?" 그때마다 한참을 머뭇거리다 미소만 보여서 미안할 뿐이다. 할 말이 없어서가 아니라 무슨 말부터 꺼내야 할지 고민스러웠기 때문이다.

하고 싶은 얘기는 많은데 그게 또 사랑인지 검증하고 싶은 노파심 때문이었다. 그냥 '사랑해서'라고 받아치면 되는데 괜히 머리를 굴렸다. 무슨 말이 더 필요할까. 지금의 당신을 사랑한다. 맞잡은 우리 두 손은 언제나 따뜻할 것이다. 당신과 나는 사랑하고 있다. 이걸로 충분하지 않을까.

언젠가 내가 처음으로 당신에게 보낸 편지에 무슨 얘기를 적었는지 다시 보고 싶어서 편지를 보여달라고 한 적이 있었다. "그대는 충분히 매력적이고 사랑스러운 여자인데 왜 스스로 늘 부족하다고 하는지 궁금해요. 이제는 좀 솔직해지는 게 어때요? 당신은 너무나 매력적인 사람이란 말이에요. 예쁘고 사랑스러운 여자라고 세상 모든 사람들이 그런단 말이에요. 자신감을 가져요. 제가 곁에서 매일 예쁘다, 예쁘다 속삭이면 될까요?" 그때나 지금이나 나는 여전히 당신에게 반해 있었구나. 오죽 좋아했으면 세상 사람들이 당신에게 예쁘다는 말을 했다고 적어뒀을까. 당신을 생각하는 내 마음은 언제나 변함이 없다는 것을 편지를 보면서 새삼 확인했다. 그래서 안심이 됐다.

서로 일이 바빠서 자주 볼 수 없는 때가 있다. 그럴 때면 나는 사랑이란 뭔지 근본적인 고민에 빠지곤 한다. 사랑이란 무엇일까? 애타는 그리움이 항상 마음속에 녹아 있는 것? 그건 너무 추상적이다. 오매불망 한 사람을 기다리는 것? 그건 좀 질리고 성급하다. 그렇다면 길거리를 가득 메운 인파 속에서 단번에 당신을 찾아내는 것? 이것이 어쩌면 사랑에 가장 근접할지도 모른다. 로맨스 영화의 절절한 스토리가 아니라 당연한 듯 아무렇지 않게 "○○야." 이름을 부르고 "일찍 나왔네?"라고 안부를 묻는다면 이것이야말로 완벽한 사랑이다.

보폭을 맞춰 걸으며 내일이면 잊어버릴 얘기라도 나누고 싶은 게 호감이라면, 이 감정들을 메모장에 담아두어 내내 생각하고 싶은 건 사랑이다. 먼저 잠든 당신이라면 아마 옛 호감 정도로 잊힐지 모르지만 그래도 "나는 당신이 좋다"라는 의미를 설렘이 희묽어질 때까지 되뇐다. 거창한 수식 없는 솔직한 고백이 책상 두 번째 칸 서랍 속에 보관될 때까지.

재고 따지는
연애 앞에서

　이성과 소위 '썸'을 타던 친구가 고민을 털어놓았
다. "때가 됐다는 판단이 들어 고백했는데, 생각할 시간
이 필요하다 하더라." 나는 별생각 없이 대꾸했다. "아직
확신이 없어서 그런 거 아니야? 아니면 너만 썸 타고 있
었나 보지." 그러자 친구는 "거절당한 것도 아니야. 연인
이 될지는 좀 더 지켜보고 싶대. 자신은 상처가 많은 사람
이라 강조하며 말이야. 어중간한 상태 같아서 나는 싫은
데……."

　친구의 말에 섣불리 대꾸하기가 어려웠다. 정말 상처
가 많은 사람은 본인이 그렇다 표현하지 않을 것 같다는
생각에 이어, 속된 말로 '밑밥'을 까는 게 아닐까 싶었다.

관계에서 갑을 선점하려는 의도일 수도 있다. 하지만 이런 추단에서 비롯된 내 개인적인 생각이 둘 관계를 망칠 수도 있으니 함부로 입을 열기가 망설여졌다.

그러나 확실한 건 친구가 이리저리 재기만 하는 사람 때문에 꽤나 고초를 겪는 중이라는 사실이었다. 친구는 지쳐 보였고 평정심을 잃은 듯했다. 섣부른 행동으로 본인 매력을 깎아내리는 결과를 자초할 것 같았다. 이를테면 연락이 오지 않는다며 재차 "뭐해?" 같은 답장을 보내고, 연락이 오면 업무 시간이든 꼭두새벽이든 기다렸다는 듯 빠르게 답을 보내는 행동을 하지 않을까 걱정스러웠다. 만난 지 얼마 되지 않은 사이에서 서로를 재고 따지는 시기에 매력 없다는 인상으로 찍힐 것 같았다.

제삼자가 판단하긴 뭐하지만 친구의 이 연애가 가망 없다는 생각이 들어 친구에게 메시지를 보냈다.

"사람 마음은 한 사람의 노력으로 바꿀 수 없는 거야. 노력할수록 작위적인 분위기만 조성되고 어중간한 결과만 초래할 뿐이지. 뭐든 타이밍이 중요한 거잖아? 영화 〈너의 결혼식〉에 나온 대사처럼 사랑은 결국 타이밍이야. 네가 그 사람을 얼마나 간절히 원하는지보다 얼마나 적절한 타이밍에 등장하느냐가 더 중요하고, 그게 운명이자 인연인 거지. 마음을 굳게 닫기 전에 네가 등장했다면 결과는 달랐을 거 아니야? 물론 네 잘못도, 그 사람 잘못도 아니야. 타이밍이 문제였던 거지. 그 사람의 의중이 뭔지 확실치 않으니까 썸인 단계에서 진전이 없는 지금 상태만 보자."

이어서 친구에게 조심스럽게 조언했다.

"최대한 자연스럽게 행동해. 그 사람과 너와의 지금 거리에서 할 수 있는 마음만 표현하는 거야. 연락이 오면 평소처럼 대해. 구태여 근황을 시시콜콜 알리진 마. 어떤 일이 있었다 하면 적당히 공감해주면서 말이야. 수동적이되 친절한 태도를 유지하는 거야. 단답이면 너도 그 형식에 맞춰 단답으로 보내고, 가급적 일정 시간을 두고 답장해. 그 사람의 관계 맺기 거리감에 맞춰 스탠스를 유지하는 게 중요해."

마침 늦은 밤에 상대에게서 연락이 왔다고 했다. 화색이 돈 친구의 목소리에 나는 다시 단호히 대꾸했다. "새벽 3시 넘어서 답장하면 널 어떻게 보겠어. 주인만 애타게 기다리는 시골 강아지처럼 보일 거 아니야. 생각해봐. 연인 사이도 아닌데 사랑꾼 이미지도 줄 수 없을뿐더러 그저 쉬운 사람으로밖에 보지 않겠어? 얼마 안 남은 호감도 다 떠나가겠다."

그렇게 해서 어떻게 사귀냐고 되묻길래 지금 상황에서는 어떤 결과도 꿈꾸지 말라 했다. 너에게 제대로 된 선택지는 없다고……. 제대로 된 연애는 '아무 이유 없이 순탄하게' 간격을 좁혀가며 결국에 결실을 맺게 된다는 진리를 되새기라 덧붙였다. 단지 마음의 재정비만이, 여유만만한 모습만이 최선이라고. 매력을 보존하고 '언제든 호감을 표현할 수 있는' 최상의 연애 컨디션을 유지하라면서. 무엇보다 마음이 지치면 큰일이라고, 언제든 달려갈 체력을 마련해두라 했다.

이후 결과는 둘에게 알아서 맡겼다. 두 사람의 노력과 시간, 운이 인연을 결정해주지 않을까. 관계라는 건 두 사람의 조정으로만 가능한 영역이니 나는 해결 방법보다는 친구의 상황에서 취해야 할 태도를 설명했을 뿐이다. 둘 사이가 좁혀질 우연한 계기도 있을 것이다. 그것을 타이밍이고 운명이라 한다. 그 타이밍을 친구가 놓치지 않고 성공으로 이끌기만을 바랄 뿐이다.

모두에게 사랑받지 않아도 괜찮다

사랑받기 위해서 사랑하지 않길 바랍니다. 당신의 성격이 모났든 둥글둥글하든, 중요한 건 '있는 그대로의 소중함'입니다. 그 사람에게 사랑받지 못한다고 한들, 설령 모든 사람에게 사랑받지 못한다고 한들 그게 뭐가 중요한가요. "나는 나를 존귀하게 여기고 있어. 그러니 괜찮아"라고 생각하면 그만입니다. 누군가 나를 못마땅하게 여기면 "역시 내가 귀여운 탓인가"라고 하며 스스로를 아끼면 됩니다. 이때 "그래, 귀여운 네가 참아"라고 말해주는 친구가 있다면 성공한 인생이지요.

타인이 어떤 인생을 살아가든 중요하지 않습니다. '모든 사람에게 사랑받을 필요는 없다'라는 말을 되새기며 당신의 인생에 집중하길 바랍니다. 거절하지 못해 곤란한 상황에 처했다면 이것저것 따지지 말고 거절부터 하길 바랍니다. 무례한 사람에게 바보처럼 당하고 있다면, 다시는 그러지 못하게 따끔한 소리를 던지길 바랍니다. 그런다고 인생이 망하지 않습니다.

스스로를 옥죄고 있던 여러 판단의 잣대나 세상의 기준에 연연하지 마세요. 당신은 오로지 당신 자신을 위해 살아갈 방법을 고민해야 할 중대한 갈림길에 섰습니다. 이 책을 읽은 당신, 앞으로 어떻게 살 작정인가요? 착한 척하기 바쁜 겉모습 말고 마음속에 결연한 의지를 다질 줄 아는 삶, 나 자신에게 집중해 스스로를 사랑할 줄 아는 삶, 내가 진정으로 원하는 것을 위해 꾸준히 걸어나가는 삶.

이런 삶을 선택하여 살아갈 때가 온 것입니다. 여태 충분히 세상과 타인을 의식하며 살았던 당신이니 더욱이 그렇게 살아도 괜찮습니다. 이 책을 통해 나답게 살아갈 용기와 조언뿐만 아니라 나에게 집중해 나다운 인생의 큰 그림을 설계했으면 좋겠습니다. 몇 자 안 되는 이 책이 당신의 인생에 반향을 불러일으키길 소원합니다.

모든 사람에게 사랑받을 필요는 없다

초판 1쇄 발행	2022년 3월 21일
초판 19쇄 발행	2024년 3월 20일

지은이	이평

편집인	이기웅
책임편집	주소림
편집	안희주, 김혜영, 양수인, 한의진, 이원지, 오윤나, 이현지
디자인	MALLYBOOK 최윤선, 오미인, 조여름
책임마케팅	김서연, 김예진, 박시온, 김지원, 류지현, 김찬빈, 김소희, 배성원, 이서윤, 박상은, 최혜연
마케팅	유인철
경영지원	박혜정, 최성민, 박상박
제작	제이오

펴낸이	유귀선
펴낸곳	㈜바이포엠 스튜디오
출판등록	제2020-000145호(2020년 6월 10일)
주소	서울시 강남구 테헤란로 332, 에이치제이타워 20층
이메일	odr@studioodr.com

ⓒ 이평

ISBN	979-11-91043-67-9 (03180)

스튜디오오드리는 ㈜바이포엠 스튜디오의 출판브랜드입니다.